TRIER

TREVIRI

rahmelverlag

www.rahmel-verlag.de

Porta Nigra
Porta Nigra

INHALT / INDICE

EINLEITUNG

Willkommen in Trier, Deutschlands ältester Stadt! Mit Fug und Recht kann die Moselmetropole so ihre Gäste begrüßen, denn um 16 v. Chr. wurde sie von Kaiser Augustus als „seine Stadt" im Lande der keltischen Treverer gegründet. Ihm zu Ehren erhielt sie den Namen „Augusta Treverorum". Sie darf sich auch die erste Kaiserstadt auf deutschem Boden nennen. Die schnell zu Reichtum gekommene Verwaltungsstadt wurde ab 293 n. Chr. für etwa 100 Jahre eine der Hauptstädte des Römischen Reiches und zu dieser Zeit auch „Roma

INTRODUZIONE

Treviri, la città più antica della Germania, vi dà il benvenuto. E' a buon diritto che questa metropoli sorta sulle rive della Mosella, può salutare in tal modo i propri ospiti: essa fu infatti scelta dall'imperatore Augusto, intorno al 16 a.C. come "la propria città" nella regione celtica dei Treveri. Proprio in onore di tale imperatore, il suo nome fu "Augusta Treverorum". Si può affermare, e giustamente, che si tratta della prima città dell'impero sul territorio tedesco. La città e sede amministrativa raggiunse presto una condizione di ricchezza e divenne dal 293 d.C., e per circa 100 anni,

secunda", das „zweite Rom", genannt. Von hier aus wurde ein Gebiet, das von Schottland bis zum heutigen Marokko reichte, also Mittel- und Westeuropa und Teile Nordafrikas, verwaltet. Mehrere römische Kaiser haben hier residiert, von denen Kaiser Konstantin, als erster christlicher Imperator, der bedeutendste war. Trier ist wie ein aufgeschlagenes Geschichtsbuch, in dem das Bild der Römerherrschaft in Deutschland so farbig und spannend sichtbar wird wie nirgendwo sonst. Hoch aufragende Bauwerke aus dieser Zeit, immerhin mehr als 1 500 Jahre

uno dei capoluoghi dell'impero romano, giungendo anche ad essere chiamata "Roma secunda", ovvero "la seconda Roma". Proprio da qui, infatti, veniva gestito un territorio che, dalla Scozia, arrivava fino all'attuale Marocco, una regione, cioè, che comprendeva l'Europa centrale ed occidentale e oltre ad una parte dell'Africa del nord. Molti sono gli imperatori romani che scelsero questa città come loro residenza, di cui, il più insigne fu certamente Costantino, in quanto primo imperatore dell'era cristiana Treviri e paragonabile ad un libro di storia aperto, in cui il dominio romano in Germania

alt, prägen noch immer das Bild der Stadt, ja sogar ihre „Skyline". Beeindruckend noch heute und seit 20 Jahren zum UNESCO-Weltkulturerbe gehörend, sind die Porta Nigra (das „Schwarze Tor"), der Dom, die Basilika, das Amphitheater und die drei Thermen, die zu den größten des Römischen Reiches zählten. Erlebnisführungen lassen die antike Welt wieder lebendig werden und garantieren einen spannenden Besuch der gewaltigen Monumente. Nach den Wirren der Völkerwanderung wandelte sich die antike Weltstadt, die einst 285 Hektar umfasste und schätzungsweise 80000 Einwohner zählte, zu einer mittelalterlichen Bürgerstadt mit der ummauerten Domstadt als Mittelpunkt und Garant der Kontinuität. Ihre Herren waren die Trierer Erzbischöfe, die als geistliche Kurfürsten auch den deutschen Kaiser wählen durften. Ihre Zeit, geprägt von ständigem Auf und Ab und jahrhundertelangem Kampf um die Reichsunmittelbarkeit, dauerte bis zur Französischen Revolution. Danach brach 1815 die preußische Zeit an, die mit dem Abbruch der mittelalterlichen Stadtmauern und einem starken Bevölkerungszuwachs in die

viene descritto in maniera così variopinta ed entusiasmante, da non aver eguali in nessuna altra sede. Di quel periodo, ci rimangono alcune costruzioni, risalenti a più di 1.500 anni fa, che si elevano verso l'alto, disegnando l'immagine stessa della città, quella che potremmo perfino definire la sua "skyline". Di grande impatto ancor oggi, e da più di 20 anni parte del patrimonio culturale dell'umanità protetto dall'UNESCO, sono la Porta Nigra (porta nera), il duomo, la basilica, l'anfiteatro ed i tre complessi termali, tra i più vasti dell'impero romano. Una visita guidata per la città è un'esperienza indimenticabile, grazie alla quale far rivivere i tempi antichi, ammirando gli entusiasmanti e possenti monumenti del luogo. Dopo l'era confusa della migrazione dei popoli, l'antica metropoli, che si estendeva un tempo per 285 ettari e contava, presumibilmente, 80.000 abitanti, si trasformò in una città medioevale con tanto di quartiere del duomo non attorniato da mura, che ne costituiva il fulcro e faceva da garante di continuità. I signori della città erano gli arcivescovi di Treviri, che, essendo al tempo stesso principi religiosi, avevano anche il potere di eleggere il sovrano tedesco. Un'epoca, quella del loro dominio, continuamente caratterizzata da alti e bassi e da una secolare lotta per l'affermazione di un potere direttamente sottoposto all'imperatore, che continuò fino

Basilika - Römische Palastaula
Basilica - Aula Palatina

moderne Zeit überleitete. Nach den Zerstörungen im Zweiten Weltkrieg und dem Wiederaufbau ist Trier zu einem bedeutenden Ziel von Besuchern aus aller Welt geworden. Die Stadt an der Mosel, umgeben von einer reizvollen Mittelgebirgslandschaft inmitten einer europäischen Kernregion, zählt heute etwa 100000 Einwohner, ist Universitätsstadt, aber auch Verwaltungssitz vieler Behörden und seit der Antike Mittelpunkt des moselländischen Weinbaus. 2000 Jahre sichtbare Stadtgeschichte, mit Höhen und Tiefen, mächtigen römischen Monumentalbauten, stolzen Bürgerhäusern und Kirchen aus dem Mittelalter, bedeutenden Museen mit berühmten Exponaten und Sammlungen, dazu ein unverwechselbares heiteres Flair in Straßen und auf Plätzen, die vielen Feste, Sport- und

alla Rivoluzione francese. Dal 1815, iniziò invece il periodo del dominio prussiano, che traghettò la città fino all'era moderna, passando attraverso la demolizione delle antiche mura medievali ed una forte crescita demografica. Dopo le distruzioni subite durante la seconda guerra mondiale, la città di Treviri è stata ricostruita ed è oggi una delle mete più frequentate dai visitatori di tutto il mondo. La città sulle rive della Mosella, attorniata da un affascinante paesaggio quasi montano e situata nel mezzo di una delle regioni fulcro dell'Europa, conta oggi circa 100.000 abitanti, è sede di un'università ed è al tempo stesso un centro amministrativo che fa capo a diverse autorità nonché, già dall'antichità, il punto focale della viticoltura della regione della Mosella. Treviri offre 2.000 anni di storia cittadina tutta da vedere, certo con i suoi alti e bassi, ma anche con possenti monumenti romani, case private dall'aspetto orgoglioso, chiese medievali, importanti musei con collezioni e oggetti famosi senza contare l'inconfondibile atmosfera

Trierer Dom und Liebfrauenkirche

Duomo di Treviri e chiesa di Nostra Signora

Kulturveranstaltungen, Gasthäuser und Weinstuben, Restaurants und Hotels aller Güteklassen zeigen: Hier sollte und kann man mehr als einige Stunden verbringen. Die Tourist Information an der Porta Nigra gibt Ihnen gerne tagesaktuelle Tipps. Seien Sie herzlich willkommen!

serena e chic al tempo stesso, che si respira nelle strade e nelle piazze, in cui molto frequenti sono le feste, le manifestazioni culturali e gli eventi sportivi ed in cui numerosi sono locali come trattorie, enoteche, ristoranti ed hotel di ogni categoria. Tutto questo è sufficiente a mostrare come in questo luogo sia necessario, e piacevole, passare un tempo superiore a qualche ora. L'ufficio informazioni turistiche situato presso la Porta Nigra è a disposizione dei visitatori per consigli sempre aggiornati. Vi aspettiamo a Treviri!

Steipe und Petrusbrunnen
Steipe e fontana di San Pietro

PORTA NIGRA

UNESCO-WELTKULTURERBE

Die Porta Nigra ist das wichtigste fast vollständig erhaltene Denkmal aus römischer Zeit nördlich der Alpen. Als abschreckende Torburg und repräsentativer Befestigungsbau im späten 2. Jh. aus hellem Sandstein errichtet, steht das „Schwarze Tor“ am einstigen Nordeingang der antiken Stadt. Tonnenschwere Blöcke, durch in Blei vergossene Eisenkrampen gesichert, türmen das Wahrzeichen der Stadt Trier zu einer Höhe von mehr als 30 Metern auf. Die beiden Ecktürme mit einem Durchmesser von 21,50 Metern flankieren den durch Tore durchbrochenen Mittelbau mit rundum einsichtigem Innenhof. Landseitig gestatteten die vorspringenden runden Türme Angreifern und Verteidigern keinen toten Winkel. Die Außentore konnten durch Fallgitter, die stadtseitigen Tore durch Flügeltüren verschlossen werden. Es ist nicht bekannt, dass die Porta Nigra, die zu Zeiten, als Trier noch Augusta Treverorum hieß, wohl als „Koblenzer“ oder Mainzer Tor“ bezeichnet wurde, jemals erstürmt worden wäre.

PORTA NIGRA

PATRIMONIO CULTURALE DELL’UMANITÀ PROTETTO DALL’UNESCO

La Porta Nigra è l’esemplare più significativo di monumento dell’epoca romana, perfettamente mantenuto fino ad oggi, a nord delle Alpi. La “Schwarzes Tor” (porta nera), il cui aspetto incute timore e presenta la tipica struttura di roccaforte e porta fortificata, fu realizzata in pietra arenaria chiara nel 2° secolo per divenire, allora, l’ingresso alla città sul lato nord. Blocchi pesanti tonnellate disposti uno sull’altro ed ancorati tra loro da graffe di ferro colate nel piombo, portano l’emblema di questa città ad un’altezza di oltre 30 metri. Le due torri d’angolo, di 21,50 metri di diametro, troneggiano a fianco della struttura centrale a sua volta interrotta da porte, creando una corte interna accessibile da ogni lato. Le torri rotonde che si protendono verso l’alto, non offrono, dall’entroterra, alcun punto morto sfruttabile per gli aggressori e i difensori della città. Le porte esterne sono state dotate di saracinesche, mentre quelle rivolte al lato su cui si sviluppa la città, sono state chiuse tramite ante battenti. A nessuno è noto che, ai tempi in cui la stessa Treviri era

Porta Nigra
Porta nigra

Aus ungeklärten Gründen wurde sie jedoch niemals fertig gebaut. Nach Ende der Römerzeit wurde die Porta Nigra nicht, wie viele andere Bauwerke der alten Kaiserstadt, niedergerissen oder abgetragen, obwohl Metallräuber auch diesem Bauwerk tiefe Wunden zufügten.

chiamata Augusta Treverorum, Porta Nigra veniva indicata con il nome di "porta di Coblenza" o "di Magonza" e che essa non sarebbe mai stata espugnata. Non sono chiari, tuttavia, i motivi per cui la sua costruzione non venne mai completata. Alla fine dell'epoca romana, la Porta Nigra non subì lo stesso destino di altre costruzioni dell'antica città facente parte dell'impero romano, essa infatti non venne demolita o smantellata e fu vittima, invece, di saccheggi che la danneggiarono in larga misura, compiuti allo scopo di impadronirsi degli elementi in metallo di cui era composta. Il vero toccasana, per la costruzione, fu la scelta di San Simeone, un monaco di origini siciliane proveniente dal convento del Sinai, di trasformare la torre ad est della porta romana della città, nella propria cella da eremita. Alla sua morte e dopo la sua canonizzazione, l'arcivescovo Poppo von Babenberg ed i suoi successori

Ein Glücksfall war im 11. Jh. die Einrichtung einer Eremitenzelle im Ostturm des römischen Stadttores durch den heiligen Simeon, einen sizilianischen Mönch aus dem Sinai-Kloster. Nach dessen Tod und Heiligsprechung ließen Erzbischof Poppo von Babenberg und seine Nachfolger ab 1042 die Porta Nigra zu einer Pilgerkirche umbauen. Zwischendecken wurden in den Zwinger eingezogen und im 12. Jh. eine romanische Apsis mit einer filigranen Zwerggalerie angefügt – die Torburg war zu einer dreischiffigen, doppelgeschossigen Gottesburg für Bürger und Stiftsgeistliche geworden. Zu den mit Reliefschmuck und Heiligenbildern ausgeschmückten Kirchen mit dem immer wieder veränderten Glockenturm führte eine breite Treppe von der Simeonstraße aus hinauf. Napoleons Versuch, die Doppelkirche zu entkernen, setzten die Preußen ab 1815

fecero trasformare Porta Nigra, a partire dal 1042, in una chiesa meta di pellegrinaggi. La zona chiusa interna fu dotata di una controsoffittatura, cui, nel 12° secolo, fu aggiunta anche un'abside romanica con una galleria nana lavorata in filigrana. La porta fortificata diveniva così una fortezza di Dio con struttura a tre navate e a due piani, utilizzabile da tutti i cittadini e dal clero. L'accesso alle chiese, decorate con rilievi e figure di santi, nonché affiancate da un campanile continuamente modificato, era garantito da un'ampia scalinata che si dipartiva dalla Simeonstraße. Il tentativo di Napoleone di disgiungere la doppia chiesa è stato poi attuato pienamente dai Prussiani, a partire dal 1815. Dell'impianto della costruzione romana e dei resti della chiesa, annerita dagli agenti atmosferici ed ambientali,

Porta Nigra (innen)

Porta Nigra (interni)

Porta Nigra - Simeonkirche um 1600

Porta Nigra - Chiesa di San Simeone, 1600 circa.

Porta Nigra - Simeonkirche um 1800

Porta Nigra - Chiesa di San Simeone, 1800 circa.

Fort. Dem mittlerweile durch Umwelteinflüsse geschwärzten Römerbau blieb nur die romanische Apsis als mittelalterlicher Anbau und Rest der Kirchenanlage erhalten. Heute kann die Porta Nigra in ihrer Monumentalität als Zeugnis des technischen Könnens und der Verteidigungsbereitschaft der Römer von außen und innen bestaunt werden. Erlebnisführungen des „Zenturio" tragen wesentlich dazu bei.

rimase solo l'abside romanica, annessa alla struttura nel Medioevo. Della Porta Nigra, oggi, resta il carattere monumentale, essa può infatti essere ammirata dall'esterno e dall'interno come esempio della competenza tecnica e dell'abilità dei Romani nell'arte della difesa del territorio. A tal proposito, le visite guidate del cosiddetto "centurione" rappresentano un'esperienza davvero unica.

Porta Nigra, Dom und Liebfrauenkirche

Porta Nigra, Duomo e chiesa di Nostra Signora

STÄDTISCHES MUSEUM IM SIMEONSTIFT

Mit dem Umbau der Porta Nigra zur Doppelkirche im 11. Jh. wurde das benachbarte Simeonstift mit einem romanischen Kreuzgang gegründet. Da die Stiftsherren über Dormitorium und Kapitelsaal ihre neuen Kirchen in der alten römischen Torburg auf gleicher Ebene erreichen wollten, errichtete man den andernorts ebenerdigen Kreuzgang auf Arkaden. Die gesamte vierflügelige Anlage stellt somit eine architektonische Besonderheit und gleichzeitig den ältesten Stiftshof auf deutschem Boden dar. Bis zur Französischen Revolution lebten hier und in den umliegenden Kurien Stiftsherren als Weltgeistliche ohne monastische Regel. Oft waren es hoch angesehene Wissenschaftler der alten Trierer Universität. Nach der Säkularisierung und Privatisierung im 19. Jh. setzte ein rascher Verfall des Komplexes ein, der erst im 20. Jh., nach Ankauf durch die Stadt und Restaurierung durch Friedrich Kutzbach, gestoppt werden konnte. Heute

MUSEO CIVICO NEL MONASTERO DI SIMEONE

Nell'11° secolo, con la trasformazione della Porta Nigra in una doppia chiesa, fu fondato anche il vicino Simeonstift dotato di un chiostro romanico. I monaci desideravano poter raggiungere le loro nuove chiese realizzate nell'antica porta romana fortificata, passando dal dormitorio e dalla sala capitolare ma restando sempre sullo stesso piano, ragion per cui si decise di costruire su arcate, quello che altrove sarebbe stato un chiostro a livello del suolo. L'intero complesso è costituito da una struttura a quattro ali, e rappresenta, così, non solo il più antico esempio di monastero nel territorio tedesco, ma anche un'eccezione, da un punto di vista architettonico. In questi luoghi e nelle altre curie adiacenti, i monaci vivevano come membri secolari del clero e senza seguire una regola monastica. Una condizione che si è perpetrata fino alla Rivoluzione francese. Spesso si trattava di stimati scienziati dell'antica università di Treviri. Dopo la secolarizzazione e

Städtisches Museum im Simeonstift

Museo civico nel monastero di Simeone

Dormitorium

Dormitorio

befinden sich im Simeonstift die Tourist Information Trier, ein gastronomischer Betrieb und das Städtische Museum, das durch einen Anbau wesentlich vergrößert worden ist. Sehenswert sind hier besonders die Exponate zur Stadtgeschichte, die Skulpturensammlung mit dem originalen Marktkreuz von 958, dem Figurenschmuck der Steipe am Hauptmarkt und den Originalfiguren des Petrusbrunnens. Ein großflächiges Modell vermittelt einen hervorragenden Eindruck der Stadt um 1800, mit ihren noch intakten mittelalterlichen Mauern, ihren Straßenzügen und Freiflächen, Bürgerhäusern, öffentlichen Gebäuden und vielen heute nicht mehr existenten Kirchen und Klöstern. Ein weiteres Modell dokumentiert die großflächigen Zerstörungen und unersetzlichen Verluste des Zweiten Weltkrieges. Zahlreiche Sammlungen sind aus den Stiftungen und Schenkungen Trierer Mäzene hervorgegangen, meist spezialisiert auf Gotik, Renaissance und Barock oder auch koptische Kunst und Textilien, die der Kaufmann Wilhelm

la privatizzazione del complesso, avvenuta nel 19° secolo. esso fu vittima di un rapido decadimento, cui si riuscì a metter fine solo nel 20° secolo, a seguito dell'acquisto della struttura da parte dell'amministrazione cittadina e dell'opera di restauro condotta da Friedrich Kutzbach. Il Simeonstift ospita oggi l'ufficio di informazioni turistiche di Treviri, una gastronomia e lo Städtisches Museum, la cui struttura risulta oggi notevolmente ingrandita da un'opera di ampliamento. Particolare attenzione meritano qui gli oggetti che testimoniano la storia della città, una raccolta di sculture con la croce del mercato del 958, le figure con cui è decorato lo "Steipe" sull'Hauptmarkt e le originali statue della fontana di San Pietro. Stupefacente è inoltre l'emozione che riesce a risvegliare un grande modello della città, riprodotta come appariva nel 1800, ove sono raffigurate le mura medioevali ancora intatte, le linee delle strade, i terreni circostanti, le case private, gli edifici pubblici e molte chiese e monasteri oggi non più esistenti. Un altro modellino è invece esposto al fine di documentare l'enorme

Stadtmodell "Trier um 1800"

Modellino della città "Treviri intorno al 1800"

Rautenstrauch zusammentrug. Alte Trierer Ansichten finden sich auf vielen Stücken seltenen Porzellans, das in der Trierer Manufaktur während der französischen Besatzungszeit bis etwa 1815 hergestellt wurde. Wechselnde Ausstellungen beleuchten spezielle Aspekte der Stadtgeschichte und setzen Akzente in moderner Kunst. Im repräsentativen Dormitorium, dem ehemaligen Schlafsaal der Stiftsherren, finden städtische Empfänge und Konzerte statt. Der bewirtschaftete Brunnenhof des Städtischen Museums mit seinem unverwechselbaren Ambiente und Blick auf zwei Jahrtausende macht es deutlich: Hier ist Europas Süden nahe.

distruzione e le irreparabili perdite causate alla città durante la seconda guerra mondiale. Molte collezioni provengono da opere e donazioni di mecenati della città di Treviri, soprattutto oggetti del periodo gotico, del Rinascimento e dell'epoca barocca o, ancora, opere d'arte e tessuti copti, tutte testimonianze raccolte dal commerciante Wilhelm Rautenstrauch. Molte sono anche le antiche vedute di Treviri che si possono osservare su rare porcellane, prodotte nei laboratori della città durante il periodo dell'occupazione francese fino circa al 1815. Qui vengono inoltre organizzate esposizioni di varia natura, che mettono in luce diversi aspetti della storia di questa città fino a porre l'accento sull'arte moderna. Nel dormitorio, salone rappresentativo ove, appunto, dormivano i monaci, vengono ora organizzati concerti e ricevuti gli ospiti della città. Il museo ospita anche un cortile interno coltivato e dotato di un pozzo, la cui atmosfera inconfondibile sembra rendere possibile uno sguardo su due secoli e dire a chiare lettere: qui il Sud dell'Europa è vicino.

TRIERER DOM

UNESCO-WELTERBE

Mächtig und imposant überragt die salische Westfront des Trierer Domes den von Kurien und der „Alten Regierung" umgebenen neu gestalteten Domfreihof. Das Gotteshaus ist der älteste Bischofssitz auf deutschem Boden und führt seine Anfänge auf die Zeit des frühen Christentums

DUOMO DI TREVIRI

PATRIMONIO CULTURALE DELL'UMANITÀ PROTETTO DALL'UNESCO

La facciata salica occidentale del Duomo di Treviri domina con la sua maestosità ed imponenza il piazzale ristrutturato ed attorniato dagli edifici della curia e del "vecchio governo" cittadino. Questa dimora di Cristo è la sede vescovile più antica di tutta la Germania e risale ai primi tempi dell'epoca cristiana mitteleuropea.

in Mitteleuropa zurück. Dies haben die jüngsten archäologischen Ausgrabungen bestätigt. Hier trafen sich Gläubige in Versammlungsräumen zu gemeinsamen Gebeten, nachdem sich ihre Gemeinden unter dem ersten christlichen Kaiser, Konstantin, prächtig entfaltet hatten. So scheint nun die Trierer Legende Gewissheit zu sein, wonach der Trierer Dom aus einem Wohnpalast der Kaiserin Helena, Konstantins Mutter, entstanden ist. Ihr Sohn ließ nun gleichzeitig mit den Basiliken in Jerusalem, Bethlehem und Rom auch in Trier ein Kirchenensemble erbauen, das jenen an Größe gleichkam, ja sie sogar übertraf. Erst unter Kaiser Gratian dürften die Kirchen nach einigen Umbauten und Veränderungen fertig gestellt worden sein. Reste mächtiger tragender Säulen, der Erzählung nach mit Hilfe des Teufels aus dem

A confermare questa collocazione temporale, sono anche i più recenti scavi archeologici. E' in questo luogo, in queste sale, che si incontravano i fedeli per pregare insieme, dopo che il primo imperatore romano cristiano, Costantino, dette loro la possibilità di lasciare che le proprie comunità potessero diffondersi in maniera capillare. Ecco che, quindi, la leggenda secondo la quale il duomo di Treviri sarebbe stato eretto sulla casa dell'imperatrice Elena, madre di Costantino, appare fondata. Egli fece infatti costruire contemporaneamente le basiliche di Gerusalemme, Betlemme e Roma oltre al complesso di Treviri, che nulla aveva da invidiare, ed anzi certo superava, la loro grandezza. Fu solo sotto il dominio dell'imperatore Graziano che le chiese poterono essere adeguatamente ristrutturate, modificate e quindi completate. Ancor oggi si possono ammirare davanti al portone principale i resti di possenti colonne portanti, come una sorta di "pilastro del duomo", che, secondo la leggenda furono procurate dal diavolo, che le prese dalla regione dell'Odenwald. Piuttosto discussa è anche la storia della costruzione del duomo

Dom (innen)
Duomo (interni)

▲ Allerheiligenaltar
Altare di Ognissanti

Odenwald herbeigeschafft, sind als „Domstein" vor dem Hauptportal zu sehen. Wechselhaft ist auch die Baugeschichte im frühen Mittelalter: Bischöfe bauten wieder auf, was Franken und Normannen (882) zerstört hatten. Besonders Erzbischof Poppo von Babenberg, der schon die Porta Nigra vor dem Abriss bewahrte, ist hier als Bauherr der mächtigen Westfassade zu nennen. An Trierer Prachtbauten orientiert, schuf er ein eindrucksvolles Beispiel staufischen Bauens an der Mosel. Um 1160 wurde der romanische Chor errichtet und 1196 geweiht und unter dem großen Kurfürsten Balduin von Luxemburg wurden im 14. Jh. die Osttürme aufgesetzt. Dagegen sind die asymmetrischen Westtürme das Ergebnis eines „Wettrüstens" zwischen den Stadtbürgern und dem Erzbischof Richard von Greiffenklau. Die Errichtung der barocken Heiltumskammer am romanischen Ostchor leitete um 1700 der Frankfurter Baumeister J. W. Fröhlicher. Durch Umbauten des Kernbaus nach einem Brand um 1717 erhielt der Dom schließlich seine heutige Gestalt, aber auch die Lichtfülle im Innenraum. Nirgendwo sonst ist eine Bischofskirche seit der Antike bis in die Moderne so oft umgebaut, erweitert, zerstört und wieder aufgebaut worden. Die wechselvolle Kirchengeschichte zeigt sich auch im Innern. Die Maße des römischen Kernbaus wurden zur Stauferzeit im selben Baustil fortgeführt und sind, durch Auftragung einer transparenten Putzschlämme während der letzten Restaurierung, sehr gut sichtbar. Sakrale Kunstwerke von europäischem Rang prägen die Innenausstattung. Die barocke

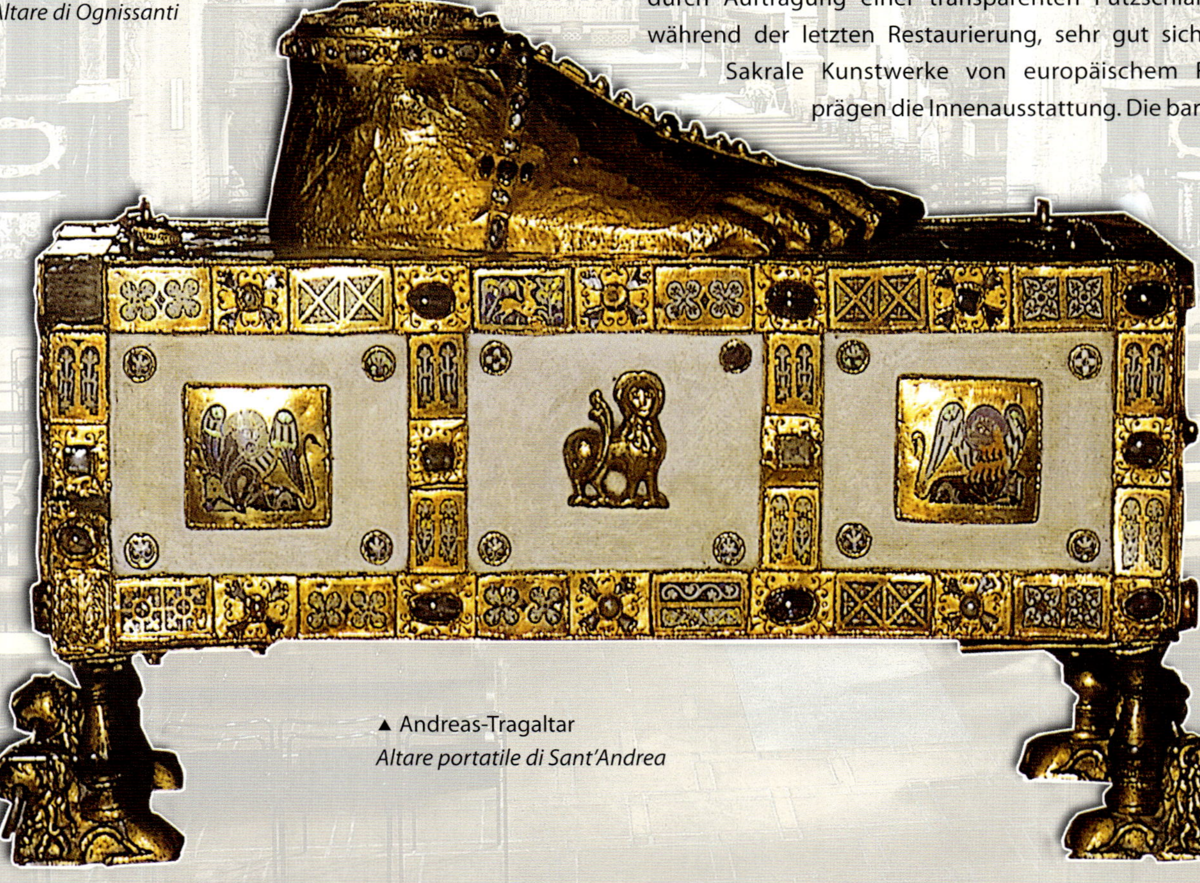

▲ Andreas-Tragaltar
Altare portatile di Sant'Andrea

del primo Medioevo: secondo la quale i vescovi avrebbero ricostruito tutte le parti del complesso distrutte dai Franchi e dai Normanni (882). Di particolare importanza risulta soprattutto il ruolo dell'arcivescovo Poppo von Babenberg, che già si ricorda per aver sottratto alla demolizione la Porta Nigra e che sarebbe anche il committente della costruzione della possente facciata occidentale. Egli riuscì a creare un esempio eclatante di architettura staufica sulle rive della Mosella, ispirato agli edifici più lussuosi di Treviri. Intorno al 1160, fu costruito il coro romanico poi consacrato nel 1196; le due torri ad est furono invece erette nel 14° secolo sotto il grande principe Baldovino di Lussemburgo. Le due torri asimmetriche occidentali sono, al contrario, il risultato di una sorta di "corsa agli armamenti" creatosi tra i cittadini e l'arcivescovo Richard von Greiffenklau. Intorno al 1700, il maestro architetto J. W. Fröhlicher di Francoforte diresse la costruzione della Cappella della Sacra Veste presso il coro romanico orientale. L'odierno aspetto del duomo, ma anche la maniera in cui la luce riesce a penetrare e permeare di sé il suo interno, è dovuto alle modifiche apportate al nucleo centrale della costruzione in seguito ad un incendio avvenuto intorno al 1717. In nessun altro posto del mondo, esiste una chiesa vescovile che abbia subito opere di modifica, ampliamento, distruzione e ricostruzione

▲ Heilig-Rock-Schrein in der Heiltumskammer
Teca della Sacra Veste presso la cappella omonima

▶ Heiliger Rock
La Sacra Veste

▲ Marienaltar *Altare della Vergine*

Sakramentskapelle ▶
Cappella tabernacolo

Stuckatur des Westchores mit der in den Himmel aufgenommenen Gottesmutter ist ein Meisterwerk des Italieners Rossi. Die vielen Altäre, meist angelehnt an die Außenmauern und die breiten Pfeiler, sind oft Grabaltäre mächtiger Kurfürsten und Erzbischöfe. Von der im Raum wie ein Schwalbennest hängenden Klais-Orgel wandert der Blick über die Kanzel, ein Werk von Hans Ruprecht Hoffmann (1570/72), und den modernen Altar hinauf zur barocken

così frequenti, dall'antichità fino all'era moderna. La storia, così ricca di mutamenti, di questa chiesa si fa notare anche all'interno. Il nucleo centrale della costruzione romana fu mantenuto nello stile e nelle proporzioni anche durante il dominio del casato staufico, esso è infatti ancora ben visibile dopo la stesura di uno strato di intonaco trasparente durante l'ultima opera di restauro. L'aspetto dell'interno è fortemente marcato dalla presenza di opere d'arte sacra europea. La stuccatura barocca del coro occidentale con la figura della Vergine accolta nei cieli, è un capolavoro dell'artista italiano Rossi. I molti altari, per lo più accostati ai muri esterni ed ai possenti pilastri, sono spesso sepolcri di potenti principi elettori ed

◀ Statue Kaiser Konstantins
Statua dell'imperatore Costantino

▲ Kreuzaltar
Altare della Croce

▲ Klais-Orgel
Organo Klais

Heiltumskammer. Sie ist der Aufbewahrungsort der bedeutendsten Trierer Reliquie, des Heiligen Rocks, der Legende nach jene ungeteilte und nahtlose Tunika, die Jesus auf seinem Weg zur Kreuzigung trug und um die die Soldaten das Los warfen. Konstantins Mutter Helena brachte die Reliquie in die Residenzstadt Augusta Treverorum. Nur zu besonderen Anlässen, das letzte Mal 1996, wird der klimatisierte Glasschrein geöffnet

arcivescovi. Lo sguardo vaga qui passando dal luogo in cui si trova l'organo Klais, che pare quasi essere sospeso nello spazio come un nido di rondine, fino al pulpito, opera di Hans Ruprecht Hoffmann (1570/72), al moderno altare ed alla cappella barocca della Sacra Veste. Questa ultima è il luogo in cui è custodita la più importante reliquia di Treviri, la Sacra Veste: la leggenda vuole che questa sia la tunica senza cuciture e in un unico pezzo di stoffa, che Gesù portava nel cammino verso la croce e sulla quale i soldati tirarono a sorte. A portarla nella sua città, Augusta Treverorum, fu Elena, la madre di Costantino. La reliquia

◄▼ Domkreuzgang - Innenhof
Chiostro del duomo - cortile interno

▲ Kreuzgang *Chiostro*

und das Gewand Christi den Pilgern gezeigt. Weitere Reliquien, die Trier zu einer bedeutenden Pilgerstadt des Mittelalters machten, sind in der Domschatzkammer ausgestellt. Dazu gehören im Besonderen: eine Sohle des Apostels Andreas, aufbewahrt in einem mit kostbaren Goldschmiedearbeiten versehenen Tragaltar, und die Hülse des Heiligen Nagels, versehen mit Edelsteinen und Emailplättchen. Eindrucksvoll zeigen sich der Dom und die Liebfrauenkirche vom gemeinsamen hochgotischen Kreuzgang aus, wo heute Domherren und Weihbischöfe bestattet werden. Die Trierer Bischöfe, zu früheren Zeiten noch im Dom selbst beigesetzt, finden heute in dessen Ostkrypta ihre letzte Ruhestätte.

Domkreuzgang - Innenhof, Gräber des Domkapitels
Chiostro del duomo - Tombe dei capitolari del duomo

può essere ammirata solo in particolari occasioni, l'ultima nel 1996, durante le quali viene aperta la teca di vetro climatizzata e mostrata ai pellegrini la veste di Cristo. Le altre reliquie che fecero di Treviri una delle mete di pellegrinaggio più importanti del Medioevo, sono conservate nella camera del tesoro del duomo. Di queste ultime, fanno parte soprattutto: la suola di una scarpa dell'apostolo Andrea, custodita in un altare portatile decorato con preziosi capolavori di arte orafa e la custodia del Chiodo Sacro ornata di gemme e piastrine smaltate. Grande è l'impatto offerto dal duomo e dalla Liebfrauenkirche su chi li osserva dal comune chiostro tardogotico, che offre oggi sepoltura prelatizi capitolari del duomo medesimo ed ai vescovi suffraganei. Oggi la cripta ad est dello stesso chiostro accoglie ed offre un luogo di eterno riposo ai vescovi di Treviri, che in tempi più antichi erano invece sepolti nel duomo.

LIEBFRAUENKIRCHE

UNESCO-WELTKULTURERBE

Auf den Fundamenten der antiken südlichen Kirchenanlage wurde im 13. Jh. die Liebfrauenkirche nach einheitlichen Plänen und in einem Guss errichtet. Aus Frankreich stammende Baumeister brachten den neuen „gotischen" Baustil erstmals nach Deutschland und führten die Maria geweihte Kirche als

CHIESA DI NOSTRA SIGNORA

PATRIMONIO CULTURALE DELL'UMANITÀ PROTETTO DALL'UNESCO

La Liebfrauenkirche fu eretta nel 13° secolo armonizzando diversi progetti e con un ciclo di lavoro ininterrotto, sulle fondamenta dell'antico complesso religioso che si trovava più a sud. Alcuni tra i maestri dell'architettura francese esportarono per la prima volta il nuovo stile "gotico" in Germania, conferendo a questa chiesa dedicata alla Vergine Maria una struttura a

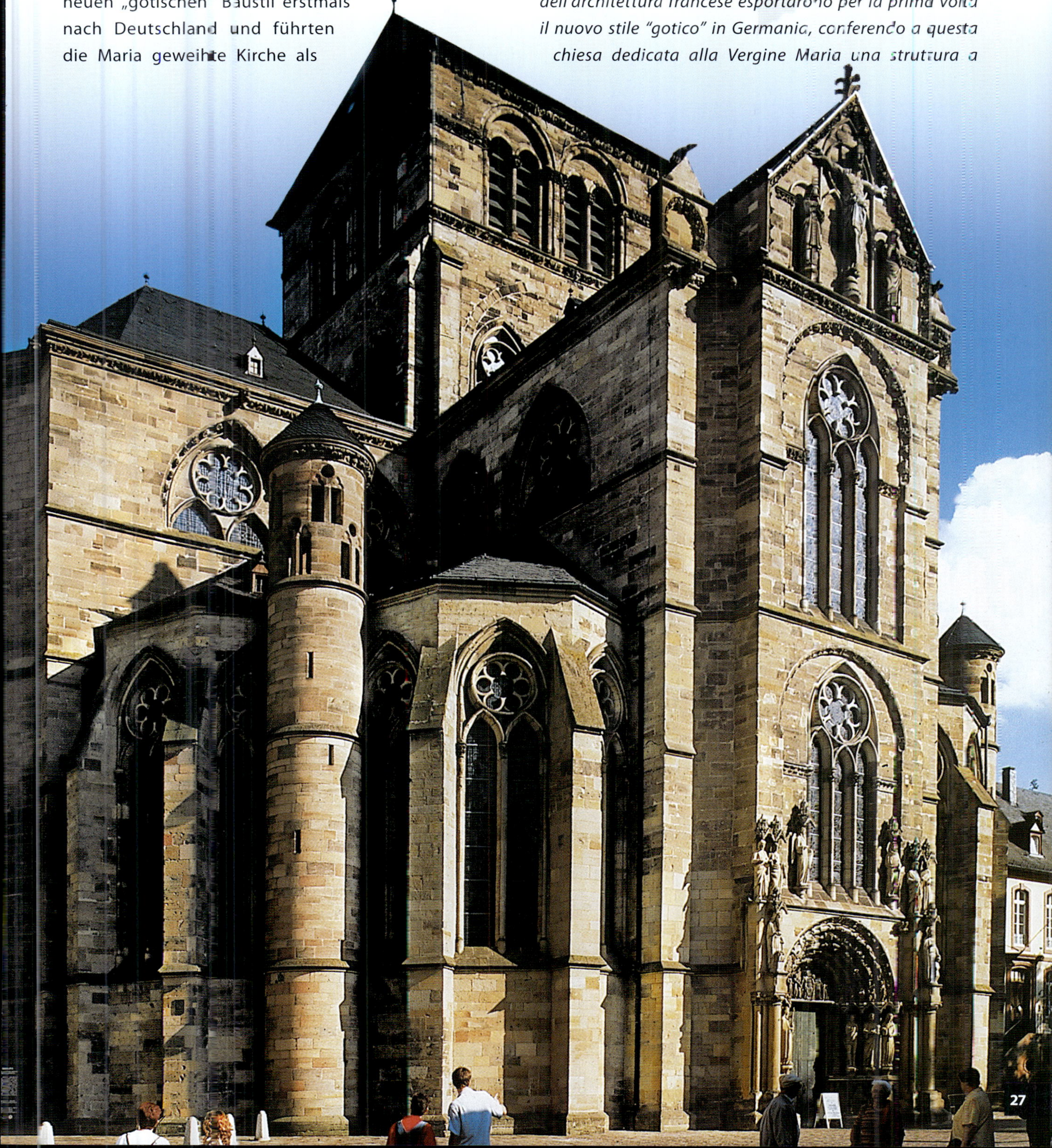

Zentralbau vollendet aus. Der fast kreisrunde Grundriss, ausgehend vom Quadrat als Grundprinzip, besteht aus einem gleicharmigen Kreuz mit Kapellen zwischen den Kreuzarmen. Nur der Ostchor wurde um ein Joch verlängert. Über der zweiten Etage, ebenfalls in Kreuzform, erhebt sich der Vierungsturm, früher spitz und schlank, nach einem Blitzeinschlag von 1631 jedoch abgestumpft. Grund- und Aufriss nehmen Bezug auf die christliche Glaubenslehre

pianta perfettamente centrale. La pianta stessa, che assume una forma quasi circolare, parte da una struttura di base quadrata per svilupparsi in una croce greca con delle cappelle che si inseriscono tra i bracci della croce. Solo la parte del coro ad Est risulta prolungata di una campata. Sopra al secondo piano, sviluppato anch'esso con forma a croce, si innalza la torre di crociera, in un primo tempo appuntita e slanciata e poi, smussata, grazie ad un intervento lampo del 1631. La pianta, ma anche l'alzato

Liebfrauenkirche - Altaransicht

Chiesa di Nostra Signora - Vista dell'altare

Fensterdetails ▲ ▶
Dettaglio di una finestra

◄ Gotisches Deckengewölbe
Soffitto gotico a volta

▲ Fensterdetails
Dettaglio di una finestra

und sind Sinnbilder der Gottesmutter, der „Rosa Mystica“. Auch an der Westfassade mit dem reichen gotischen Figurenschmuck hat die Mutter Gottes eine zentrale Stellung. Die biblische Heilsgeschichte von der Erschaffung der Welt bis zur Erlösung am Kreuz ist hier dargestellt mit dem abschließenden Hinweis, dass die machtvolle Kirche das „blinde Judentum“ abgelöst habe. Der Bau des Gotteshauses wurde um 1235 unter Erzbischof von Wied begonnen und, durch besondere Kollekten finanziert, gegen 1260 vollendet. Die Leichtigkeit der Hochgotik wird noch nicht erreicht, das Mauerwerk wirkt massig und ist im unteren Teil noch nicht geöffnet. Im Innern fällt durch moderne, von frühgotischem Maßwerk bestimmte Glasfenster gedämpftes Licht in den Kirchenraum, der von zwölf Säulen getragen wird. Diese Säulen sind mit den Bildnissen der Apostel verziert, gestiftet von Adelheid von Besselich. Glücklicherweise ließ Napoleon 1804 den vorgesehenen Abbruch nicht

del complesso, fanno riferimento all'insegnamento della fede cristiana e divengono quindi simbolo della Madre di Dio, la “Rosa Mistica”. La Vergine gode di una posizione centrale anche sulla facciata ad ovest riccamente decorata con motivi gotici. E' qui rappresentata la storia della salvezza del mondo, così come suggerita dalla bibbia, dalla creazione dell'universo fino alla redenzione dei peccati sulla croce, senza dimenticare il monito conclusivo che identifica nella chiesa la potente autrice del riscatto dei “ciechi giudei”. La costruzione di questa dimora di Cristo fu iniziata intorno al 1235 con l'arcivescovo von Wied e finanziata grazie a speciali collette, per poi essere terminata verso il 1260. Lo stile arioso del tardo gotico è ancora lontano: le mura appaiono infatti massicce e non posseggono aperture nella parte inferiore. L'interno della chiesa, con le sue dodici colonne di sostegno è pervaso dalla luce che, dall'esterno, inonda questi locali attenuata dal vetro delle finestre create dai trafori tardogotici. Le decorazioni delle colonne rappresentano gli apostoli e

durchführen, weil französische Baumeister dieses gotische Wunderwerk geschaffen hatten. So haben bis heute die benachbarten Kirchen Dom und Liebfrauen ihren besonderen Reiz.

sono opera di Adelheid von Besselich. Fortunatamente, Napoleone non permise che la chiesa subisse la demolizione cui era stata destinata nel 1804, in virtù del fatto che a realizzare questo capolavoro del gotico, furono architetti francesi. Oggi la Liebfrauenkirche ed il Duomo, stretti l'una all'altro, possono ancora mostrare tutto il loro particolare fascino.

▲ Westportal
Portale ovest

ERZBISCHÖFLICHES DOM- UND DIÖZESANMUSEUM

In einem ehemaligen preußischen Gefängnis ist in der Windstraße das Bischöfliche Dom- und Diözesanmuseum untergebracht. Prachtstück und Mittelpunkt der Sammlungen aus den frühen Anfängen des Trierer Christentums ist das konstantinische

MUSEO DIOCESANO E ARCIVESCOVILE DEL DUOMO

Dove una volta sorgeva una prigione prussiana, nella Windstraße, è oggi allestito il museo arcivescovile e diocesano del duomo. L'affresco costantiniano sul soffitto è una delle testimonianze più ammirevoli nonché significative dei capolavori della prima epoca cristiana di Treviri. Si tratta di un affresco proveniente da una residenza romana rinvenuta sotto all'odierno duomo ed in cui sono presenti 15 riquadri raffiguranti uomini, donne riccamente adornate ed amorini. Estremamente significativo, quale testimonianza artistica della tarda antichità, anche il

▼ Frauenbildnis - Deckenmalerei um 320

▼ *Immagine di donna, dipinto sul soffitto del 320 circa*

▲ ▶ Mosaikausschnitte

▲ ▶ *Particolare del mosaico*

Deckengemälde. Es stammt aus einem römischen Wohnpalast unter dem heutigen Dom und zeigt in 15 Bildern Männerporträts, reich geschmückte Frauen und Eroten. Die nach dem 2. Weltkrieg gefundene, aus dem kaiserlichen Umfeld stammende bemalte Kassettendecke ist äußerst wichtig für die spätantike Kunst. Sie ist aus über 30 000 auf der Rückseite mit Abdrücken von Flechtwerk versehenen Putzstücken zusammengesetzt und teilweise ergänzt worden. Bezug nehmend auf eine Trierer Legende, glauben Forscher in einem Bild die heilige Helena, Mutter des ersten christlichen Kaisers, Konstantin, erkennen zu können. Funde und Befunde aus den jüngsten Ausgrabungen von Dom und Liebfrauenkirche zeigen an Modellen die Entwicklung der ersten Kirchen in Deutschland. Äußerst wertvoll sind die karolingischen Fresken aus St. Maximin und die gotischen Skulpturen der Westfassade der Liebfrauenkirche. Christliche Kunstwerke, Malereien, Figuren, liturgische Geräte und Gewänder sowie Ausstattungselemente alter Kirchen des Trierer Bistums vervollständigen die Sammlung. Große Aufmerksamkeit erregen die vielen Pilgerzeichen und Wallfahrtsandenken als Zeichen der Volksfrömmigkeit.

ritrovamento, avvenuto dopo la seconda guerra mondiale, di un soffitto a cassettoni dipinto, appartenuto a saloni imperiali. Il soffitto è stato realizzato ed è in parte composto da oltre 30.000 tasselli di intonaco, provvisti, sul retro, di motivi intrecciati stampati. Prendendo le mosse da una leggenda della città di Treviri, i ricercatori pensano di poter ipotizzare che uno dei riquadri raffiguri Sant'Elena, madre di Costantino, primo imperatore cristiano. I ritrovamenti ed i reperti provenienti dagli scavi più recenti nei siti del duomo e della Liebfrauenkirche, permettono di ricostruire, quasi come in un modello che si ripete, la storia della realizzazione delle prime chiese in Germania. Davvero pregevoli, inoltre, sono gli affreschi carolingi provenienti da St. Maximin e le sculture gotiche della facciata occidentale della Liebfrauenkirche. A completare la collezione, opere dell'arte cristiana, ma anche dipinti, rappresentazioni di personaggi, vesti e strumenti liturgici nonché elementi strutturali di chiese più antiche appartenenti alla diocesi di Treviri. Meritano, inoltre, grande attenzione anche le diverse testimonianze lasciate dai pellegrini oltre agli oggetti portati da questi ultimi come segno della devozione del popolo.

◄ Petrusbrunnen
Fontana di San Pietro

HAUPTMARKT

In Sichtweite der Porta Nigra hat sich seit dem 10. Jh. vor dem mächtigen Turm der Gangolfkirche der Hauptmarkt, Triers „gute Stube", entwickelt. Einer der schönsten Marktplätze Deutschlands, da ist man sich einig! Um den dreieckigen Platz mit Marktkreuz und Petrusbrunnen gruppieren sich Häuser verschiedenster Stilepochen wie Renaissance und Barock, Klassizismus und gründerzeitlicher Historismus. Städtischer Bürgerstolz wird hier sichtbar präsentiert. Heute Triers Mittelpunkt und voller Leben, Menschen, Märkte und Feste.

PIAZZA DEL MERCATO

La nascita dell'Hauptmarkt risale al 10° secolo, quando questa piazza, chiamata anche "il salotto buono" di Treviri, nacque proprio dinnanzi alla torre possente della chiesa di San Gangolfo e a portata di sguardo dalla Porta Nigra. Su una cosa tutti sono d'accordo: si tratta di una delle piazze di mercato più belle della Germania. Intorno alla piazza triangolare con la famosa croce e la fontana di San Pietro, sono addossati gli uni agli altri edifici di epoche e stili diversi: dal Rinascimento al barocco fino al classicismo ed allo storicismo del periodo immediatamente seguente all'unificazione tedesca. L'orgoglio cittadino è qui rappresentato in maniera tangibile. Oggi, questa piazza è il centro della vita di Treviri, qui ci si trova, si organizzano feste e si svolge il mercato.

Steipe und Petrusbrunnen
Steipe e fontana di San Pietro

STEIPE

Würdevoll und dominant tritt die zwischen 1430 und 1483 erbaute Steipe als Eckpfeiler des Hauptmarktes und des städtischen Bürgertums hervor. Der rechte der beiden steinernen Ritter an der Front des spätgotischen Stadtturmes macht deutlich, wer die Marktherrschaft innehatte. Der linke hingegen blickt stolz zum gegenüberliegenden Dom und zeigt damit, gegen wen sich die Trierer immer wieder wehren mussten: den Erzbischof und Kurfürsten. Vor und nach der Niederlage von 1580 wurde hier Recht gesprochen und archiviert, wurden Strafen verbüßt und Ratsbeschlüsse verfasst, wurde repräsentiert, gezecht und gefeiert – ein echter multifunktionaler Bau und Stützpfeiler („Stypen") des städtischen Selbstverständnisses. Unabhängigkeit und Tradition drücken auch die Heiligenfiguren an den Arkaden aus: Jacobus, Helena und die Apostel Petrus und Paulus.

STEIPE

Maestoso e potente nella sua dignità: ecco come appare l'edificio dello Steipe, costruito tra il 1430 ed il 1483 come vero pilastro angolare della piazza del mercato e della borghesia cittadina. Sul frontale della torre tardogotica della città, imperano due cavalieri in pietra; quello di destra indica chiaramente chi mantiene il dominio sulla piazza del mercato. Il cavaliere a sinistra, al contrario, volge il suo sguardo fiero innanzi a sé in direzione del duomo, mostrando ai cittadini di Treviri coloro dai quali era necessario difendersi ovvero l'arcivescovo ed il principe elettore. Prima e dopo la sconfitta del 1580, qui si discuteva di diritto e si archiviavano i documenti, si scontavano le pene, si dava stesura delle decisioni consiliari, si organizzavano rappresentazioni, feste e banchetti. Insomma, era, questo, un vero e proprio edificio polifunzionale e pilastro di sostegno (Stypen, in antico tedesco) dell'autocoscienza cittadina. Ad esprimere al tempo stesso un senso di autonomia e di rispetto della tradizione, sono anche le figure di santi che si trovano sulle arcate: San Giacomo, Sant'Elena e gli apostoli Pietro e Paolo.

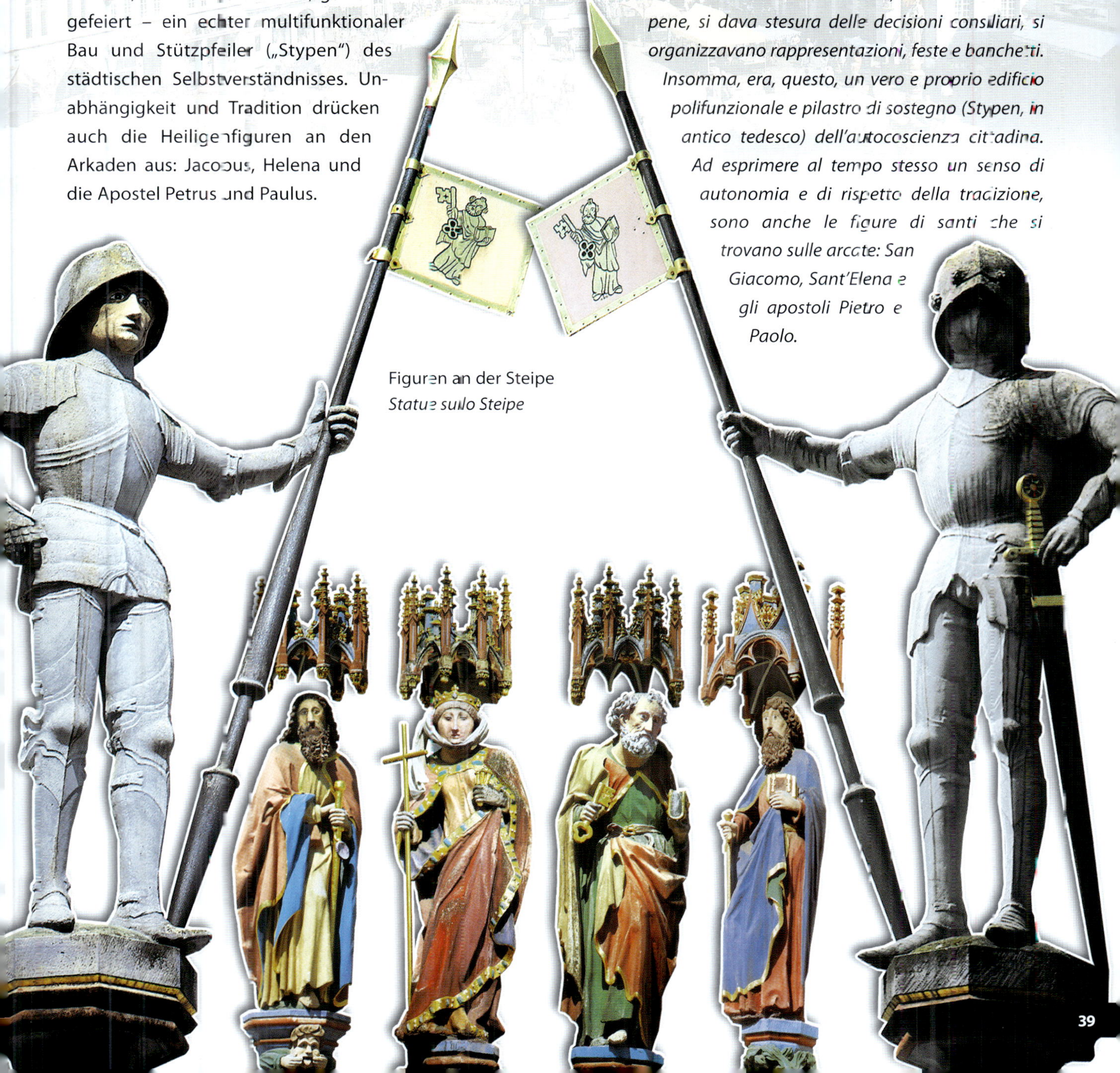

Figuren an der Steipe
Statue sullo Steipe

SPIELZEUGMUSEUM

Der Sammelleidenschaft von Rolf und Heidi Scheurich in den 50er Jahren ist es zu verdanken, dass heute im Café Steipe auf zwei Etagen Spielzeugträume aus alten Zeiten fühlbar, greifbar und erlebbar werden. Bei der Betrachtung von Blechspielzeug, Eisenbahnen, Puppen, Schaukelpferden, Kaufläden, Teddys und Dampfmaschinen werden Kindheitserinnerungen wach. Wegen der zahlreichen Sonderausstellungen lohnt sich immer wieder ein Besuch.

MUSEO DEI GIOCATTOLI

Se oggi il Café Steipe ospita due piani di sogni sotto forma di giocattoli dei tempi andati, permettendo ai visitatori di viverli, toccarli e tuffarsi in questo mondo come in un'avventura, è grazie alla passione per il collezionismo di Rolf e Heidi Scheurich negli anni Cinquanta. Qui, si risvegliano i ricordi dell'infanzia semplicemente contemplando giochi di latta, trenini, bambole, cavalli a dondolo, negozi giocattolo, orsi di peluche e macchine a vapore. Val sempre la pena di tornare: frequentemente sono infatti organizzate esposizioni straordinarie.

LOCALE STORICO NELLO STEIPE

Sotto lo Steipe si trova oggi il ristorante "Ratskeller", precedentemente chiamato "Zum goldenen Brunnen". Della sala originaria di questa cantina con volta a crociera a sesto normale del 15° secolo, rimangono oggi solo le due campate centrali con pilastri quadrati. A conferire una nota tutta particolare a questo locale distrutto dalla guerra nel 1944 e poi restaurato nel 1970 ed allo Steipe situato sopra di esso, è inoltre l'antica fontana dalla forma arrotondata.

HISTORISCHER KELLER IN DER STEIPE

Unter der Steipe befindet sich heute das Restaurant „Ratskeller", früher Gasthaus „Zum goldenen Brunnen" genannt. Von der ursprünglichen, kreuzgratgewölbten Kellerhalle aus dem 15. Jh. blieb das mittlere Jochpaar mit quadratischen Pfeilern erhalten. Der alte, gerundete Brunnen an der südlichen Kellermauer gibt dem 1944 kriegszerstörten und bis 1970 restaurierten Gasthaus und der darüber liegenden Steipe eine ganz besondere Note.

▸ Steipe und Rotes Haus
Steipe e casa rossa

ROTES HAUS

Stolz und selbstbewusst kündet am „Roten Haus“ die berühmte mittelalterliche Inschrift in Latein, dass Trier in sagenhafter Vorzeit gegründet wurde. Damit übertrifft es alle anderen europäischen Städte an Alter und Würde: „Vor Rom stand Trier 1 300 Jahre. Möge es weiter bestehen, ewigen Friedens sich freuen. Amen.“ Der ursprünglich an der Steipe angebrachte Spruch fand seinen Platz 1684 an diesem repräsentativen Wohnhaus. Es wurde für den Domsekretär und Bäckeramtsmeister Johann Wilhelm Polch im Stile der Spätrenaissance errichtet. Nach Zerstörung und Wiederaufbau blickt seit 1970 der heilige Antonius von Padua vom zweiten Obergeschoss auf das heutige Marktgeschehen herab.

▲ St. Antonius von Padua
Sant'Antonio da Padova

CASA ROSSA

E' con orgoglio e consapevolezza di sé che l'iscrizione medioevale in latino sulla "Casa rossa", indica che Treviri è stata fondata in una leggendaria era preistorica. Le sue origini e la sua dignità superano quindi quelle di tutte le altre città europee: "Treviri esisteva già 1.300 anni prima di Roma. Che possa sopravvivere sempre e in eterna pace. Amen." La dicitura, prima apposta sullo Steipe, fu poi trasferita in questa abitazione rappresentativa della città nel 1684. La casa fu eretta nello stile del tardo Rinascimento per Johann Wilhelm Polch, segretario del duomo e mastro fornaio ufficiale. Dopo la sua distruzione e conseguente ricostruzione, ospita al secondo piano la figura di Sant'Antonio da Padova che, dal 1970, veglia con il suo sguardo sullo svolgimento dell'attuale mercato.

SIMEONSTRASSE

(MIT DREIKÖNIGENHAUS, FACHWERKHÄUSERN, JUDENGASSE)

Die Verbindung von der Porta Nigra zum Hauptmarkt und der St.-Gangolf-Kirche folgt der römischen Nord-Süd-Achse und ist, wie vor 2000 Jahren, eine der wichtigsten Straßen Triers. Auf Schritt und Tritt entdeckt man in der Simeonstraße, der Hauptgeschäftsstraße der Stadt, zwischen Lokalen, Warenhäusern und Boutiquen interessante Zeugen der Geschichte: das von Stadtkonservator Friedrich Kutzbach restaurierte und später farblich gefasste Dreikönigenhaus, gebaut als spätromanischer Wohnturm. Reich verziert, mit Rund- und Spitzbögen versehen, bekam es seinen Namen erst im 17. Jh., als hier besonders Kölner Kaufleute „ihre" Heiligen Drei Könige verehrten. Ursprünglich hatten Erd- und erstes Obergeschoss keine Fenster und die zweite Etage war nur über Leitern zugänglich, die im Notfall eingezogen wurden. In unmittelbarer Nähe, im Haus Nr. 8, verbrachte Karl Marx von 1819 bis 1835 seine Jugendzeit und besuchte das Friedrich-Wilhelm-Gymnasium. In der benachbarten Glockenstraße, benannt nach einer

SIMEONSTRASSE

(CON CASA DEI RE MAGI, CASE A GRATICCIO E VICOLO DEGLI EBREI)

Il collegamento tra la Porta Nigra, la Hauptmarkt e la chiesa di San Gangolfo è assicurato lungo l'asse romano nord-sud e costituisce, come 2.000 anni fa, una delle strade più importanti di Treviri. La Simeonstraße, principale via dei negozi, è punteggiata di interessanti testimonianze storiche da scoprire qui e lì tra i locali, i grandi magazzini e le boutique. Qui sorge, infatti, la casa dei Re Magi, un'unità abitativa di epoca tardoromana a forma di torre, restaurata e restituita ai suoi colori da Friedrich Kutzbach, conservatore del patrimonio della città. La dimora, riccamente decorata e dotata di archi a tutto sesto e ad ogiva, deve il suo nome ad un fatto accaduto nel 17° secolo, quando qui si stabilirono dei commercianti, in particolare provenienti da Colonia, che adoravano i "loro" santi Re Magi. Originariamente, il piano terra ed il primo non avevano finestre e per raggiungere il secondo, si utilizzavano scale a pioli cui si ricorreva in caso di emergenza. Nelle immediate vicinanze, si trova, al numero 8, la casa in cui Karl Marx trascorse la sua giovinezza, dal 1819 al 1835, frequentando il Friedrich-Wilhelm-Gymnasium. Nella vicina Glockenstraße, così chiamata in virtù della vecchia fonderia di campane che vi si trovava, compaiono ancora oggi alcune case a graticcio del 15° e 17° secolo. Gli

▲ Judengasse
Vicolo degli ebrei

alten Glockengießerei, befinden sich noch einige Fachwerkhäuser aus dem 15. und 17. Jh. Die schönsten Beispiele moselfränkischer Fachwerkkunst haben sich aber am Hauptmarkt über der mit vier Bögen gegliederten und durch eine Kette abschließbaren „Kleinen Judenpforte“ erhalten. Die Jahreszahlen 1602, 1605 und 1607 weisen auf eine Zeit hin, als in der Judengasse bereits keine Juden mehr lebten. Diese waren, einst einflussreiche Financiers der Trierer Kurfürsten und Erzbischöfe, längst

aus ihrem ghettoartigen Quartier vertrieben worden. Inmitten kleiner Gasthäuser und Kneipen blieb das älteste jüdische Wohnhaus Deutschlands mit urkundlichem Nachweis aus dem Jahre 1235/36 bis heute erhalten.

◄ Fachwerkhäuser an der Simeonstraße
Case a graticcio sulla Simeonstraße

esempi più mirabili della regione franca della Mosella quanto ad architettura con costruzioni a graticcio, sono, tuttavia, quelli che si sono conservati nell'Hauptmarkt, adiacenti l'uno all'altro grazie ad una concatenazione creata dai quattro archi e dalle piccole "porte ebraiche" con il meccanismo di chiusura a chiave ancora funzionante. Gli anni 1602, 1605 e 1607 indicano un'epoca, in cui nel vicolo degli ebrei non viveva più nessuno di loro. Essi, infatti, un tempo influenti esperti di finanza presso la

▲ Hauptmarkt
Piazza del mercato

corte dei principi elettori e gli arcivescovi di Treviri, erano allora già stati scacciati dal quartiere in cui risiedevano quasi come in un ghetto. Tra piccole trattorie ed osterie, rimane conservata fino ad oggi la più antica residenza ebrea di tutta la Germania, una prova documentaria che risale al 1235/36.

▶ Dreikönigenhaus
Casa dei Re Magi

LÖWEN-APOTHEKE

An der Südostseite des Hauptmarktes geht die lange Zeit in klösterlichem Besitz befindliche „Löwen-Apotheke" auf das Jahr 1241 zurück und gilt damit als die älteste Apotheke in Deutschland. Sie wurde mehrfach umgebaut, 1944 kriegsbeschädigt, 1952 wiederhergestellt und später im Innern restauriert. Das Ladenlokal mit „Kölner Decke" und Brunnen gehört zu den bedeutendsten Gebäuden aus der Zeit des Übergangs von der Spätrenaissance zum Frühbarock. Seit mehr als 750 Jahren steht das Haus mit dem rundbogigen Marktportal und der darübergesetzten Löwenfigur nun im Dienste der Gesundheit.

FARMACIA LÖWEN

La "Löwen-Apotheke" sorge sul lato sud-est dell'Hauptmarkt ed è stata, per lungo tempo, parte dei possedimenti del clero. La sua origine, che risale al 1241, fa di questa farmacia, il più antico istituto di tal genere in Germania. L'edificio ha subito molte modifiche prima di essere danneggiato durante la guerra, nel 1944, quindi ristrutturato nel 1952 e successivamente restaurato, nella parte interna. I locali del negozio fanno parte, grazie al "soffitto di Colonia" ed al pozzo, degli edifici più significativi dell'epoca di transizione dal tardo Rinascimento al primo barocco. Questa costruzione con la sua porta ad arco a tutto sesto che dà sulla piazza del mercato e la figura del leone che la sovrasta, è al servizio della salute, da più di 750 anni.

Gotische Madonna am Hauptmarkt

▼ *Madonna gotica sull'Hauptmarkt*

MARKTKREUZ

Erzbischof Heinrich I. verlegte 958 den Markt vor seine Domstadt. Er errichtete das Marktkreuz als sichtbares Zeichen seiner Herrschaft, Zoll- und Steuerhoheit und auch eines sicheren Marktes. In Form eines irischen Tatzenkreuzes steht heute das Hoheitszeichen als Kopie im Herzen der Stadt auf einer römischen Granitsäule. Mit Gotteslamm, Kreuzstab und Banner bildet es den symbolischen Schnittpunkt von kirchlicher Macht und städtischen Bürgertums.

CROCE DEL MERCATO

Fu l'arcivescovo Enrico I a decidere che il mercato si svolgesse di fronte al quartiere del duomo. La Marktkreuz fu quindi posta nella piazza come segno tangibile del suo dominio sulla città, della sua sovranità doganale e fiscale nonché dello svolgimento sicuro del mercato medesimo. Oggi una copia di quello che era un simbolo di sovranità, si trova proprio nel cuore della città su di una colonna romana di granito, in forma di croce patente irlandese. Essa simboleggia, con l'agnello di Dio, l'asta e le insegne, il punto di intersezione tra il potere spirituale e quello della borghesia cittadina.

PETRUSBRUNNEN

Stadtpatron Petrus ist am Hauptmarkt allgegenwärtig: auf Kanaldeckeln, an der Steipe, auf Wappen und auf dem sechseckigen, gotischen Brunnen, der 1595 von Hans Ruprecht Hoffmann im Auftrag der Ratsherren errichtet wurde. Der recht farbige Figurenschmuck, der unter anderem die vier Kardinaltugenden (Weisheit, Gerechtigkeit, Tapferkeit und Mäßigung) darstellt, erinnert die Bürger an eine sittsame Lebensführung und den daraus resultierenden Wohlstand für die gesamte Stadt – aber nur unter der Oberhoheit des Erzbischofs. Zum Altstadtfest im Juni danken die Trierer dem heiligen Petrus für die gute Ausübung seiner Schlüsselgewalt mit einem Blumenstrauß.

FONTANA DI SAN PIETRO

Sull'Hauptmarkt, San Pietro, patrono della città, è onnipresente: si trova infatti sui coperchi dei tombini, sullo Steipe, sui blasoni e sulla fontana esagonale gotica, realizzata nel 1595 da Hans Ruprecht Hoffmann su incarico degli allora consiglieri comunali. La decorazione di statue, piuttosto variopinta, rappresenta, tra l'altro, le quattro virtù cardinali (prudenza, giustizia, fortezza e temperanza) ed è volta a ricordare alla popolazione l'importanza di una vita conforme ai principi morali ed il benessere che da tale condotta deriverebbe alla città intera, principi, comunque, validi sempre sotto la supremazia dell'arcivescovo. Durante l'Altstadtfest (festa della città vecchia), che si svolge nel mese di giugno, gli abitanti di Treviri sono soliti porgere un mazzo di fiori a San Pietro, per ringraziarlo del buon adempimento del proprio potere di custode delle chiavi cittadine.

RÖMISCHER WEINKELLER

Umgeben von 2 000 Jahre alten Antiquitäten, teilweise an Ort und Stelle ausgegraben und in den „Römischen Weinkeller" integriert, tafelt man im „Domstein" am Hauptmarkt nach den Originalrezepten des römischen Feinschmeckers Marcus Gavius Apicius. Mulsum (Aperitif), Gustationes (Vorspeisen), Mensa prima (Hauptgang) et secunda (Dessert) garantieren ein außergewöhnliches kulinarisches Erlebnis.

Römische Reliefs ▼ ▶
Rilievi di epoca romana

CANTINA ROMANA

Nella "cantina romana" si banchetta sulla "colonna del duomo" proprio sull'Hauptmarkt, circondati da oggetti antichi di oltre 2.000 anni in parte rinvenuti grazie a scavi condotti in loco e poi integrati in questo complesso. Le ricette sono quelle originali del buongustaio romano Marcus Gavius Apicius. Mulsum (aperitivo), gustationes (antipasti), mensa prima (piatto principale) et secunda (dessert) garantiscono un'esperienza culinaria davvero eccezionale.

ST. GANGOLF

Eindrucksvoll und mächtig erhebt sich der Turm der Marktkirche mit seiner Turmgalerie und den vier Ecktürmen in den Trierer Himmel. Da Markt, Kirche und Messe seit jeher eng verbunden sind, entstand auch hier ein Gotteshaus, das, 1238 erstmals erwähnt, nach mehreren Um- und Ausbauten bis 1460 das heutige spätgotische Aussehen erhielt. Die beherrschende Aufstockung des Turmes auf sechs Etagen finanzierte die Trierer Bürgerin Adelheid von Besselich mit dem Geld ihres verstorbenen Mannes, Bürgermeister Clas von Zerf, und sorgte damit bei Domherren und Kurfürst von Greiffenklau für Aufregung. Die Turmhöhe von nun 62 Meter musste durch Erhöhung der Domtürme übertroffen werden. Dies gelang trotz aller Anstrengung der geistlichen Herren jedoch nur bei einem Westturm des Domes – die Oberhoheit des Erzbischofs über die Stadt Trier war wiederhergestellt. Heute erreicht man St. Gangolf nur durch eine schmale barocke Pforte an der Südseite des Hauptmarktes.

▲ Kreuzigungsgruppe mit Maria und Johannes
Crocifissione con Maria e Giovanni

SAN GANGOLFO

La torre di questa chiesa situata sulla piazza del mercato, si eleva verso l'alto maestosa ed impressionante con la sua galleria e le quattro torrette d'angolo a dominare il cielo di Treviri. Poiché il mercato, la chiesa e le fiere sono da sempre correlati, qui fu costruita una chiesa, menzionata, per la prima volta, nel 1238 ed eretta nell'attuale stile tardo-gotico nel 1460 dopo lavori di trasformazione e ristrutturazione. La soprelevazione della torre fino a sei piani, dominante sulla città, fu finanziata da Adelheid von Besselich, abitante di Treviri nonché moglie del sindaco Clas von Zerf, la quale, destinando gli averi del defunto marito a tale opera, diede non poche preoccupazioni agli alti prelati del duomo ed al principe von Greiffenklau. L'altezza di 62 metri della torre doveva essere superata dalla soprelevazione delle torri della cattedrale. Nonostante gli sforzi del clero, lo scopo poté essere raggiunto solo per la torre del duomo situata ad ovest. La supremazia dell'arcivescovo sulla città di Treviri era così ristabilito. San Gangolfo è oggi accessibile solo tramite una stretta porta barocca situata sul lato sud dell'Hauptmarkt.

◄ Eingangsportal St. Gangolf
Portale d'entrata a San Gangolfo

KURFÜRSTLICHES SCHLOSS, ROTER TURM, PETERSBURG-PORTAL

Im 17. Jh. ließen die Erzbischöfe und Kurfürsten Lothar von Metternich und Philipp von Sötern ihren Regierungssitz durch den Bau des kurfürstlichen Schlosses nach den Plänen von Georg Ridinger im Renaissancestil erheblich vergrößern. Dabei wurden die Ost- und die Südseite der Basilika eingerissen und der Rest in das neue Schloss, nun nach dem Apostelfürsten „Petersburg" genannt, integriert. Ein Zugang hat sich im „Petersburg-Portal", ausgeführt im manieristischen Stil des ausgehenden 17. Jh.s, erhalten. Der an der Nordwestecke stehende so genannte „Rote Turm", der jetzige Glockenturm der evangelischen Erlöserkirche, war einst nach Vorbildern der italienischen Renaissance um 1647 als Archiv- und Kanzleigebäude der Kurfürsten errichtet worden. Spätere Umbauten fügten barocke und klassizistische Stilelemente hinzu.

CASTELLO DEL PRINCIPE, TORRE ROSSA, PORTA FORTIFICATA DI SAN PIETRO

Nel 17° secolo, gli arcivescovi e principi elettori Lothar von Metternich e Philipp von Sötern decisero di far ampliare considerevolmente la loro sede governativa, affidandosi, per la costruzione del castello principesco in stile rinascimentale, ai progetti di Georg Ridinger. A tal scopo, si procedette a demolire l'ala est e sud della basilica, per poi integrare il resto dell'edificio nel nuovo castello, chiamato da quel momento in poi, "Petersburg" dal nome del primo degli apostoli. Nella "porta Petersburg" si è mantenuto fino ai giorni nostri l'ingresso nello stile tipico del manierismo del primo 17° secolo. La cosiddetta "Roter Turm" situata all'angolo nord occidentale del complesso è ora il campanile della chiesa protestante del Redentore, ma era stata eretta, in origine, attorno al 1647, secondo i modelli del Rinascimento italiano, per fungere da archivio e cancelleria dei principi elettori. In seguito, furono apportate altre modifiche che aggiunsero alla costruzione elementi stilistici di stampo classicista e barocco.

BASILIKA

RÖMISCHE PALASTAULA

UNESCO-WELTKULTURERBE

Mächtig und auch heute noch das Trierer Stadtbild prägend, steht die Römische Palastaula (Aula Palatina), auch Basilika genannt, im Zentrum des römischen Residenzbezirkes. Der offiziell von Kaiser Konstantin geplante, ganz aus Ziegeln erstellte Thronsaal ist der größte ohne Stützen

BASILICA

AULA PALATINA

PATRIMONIO CULTURALE DELL'UMANITÀ PROTETTO DALL'UNESCO

La sala palatina romana (Aula Palatina), detta anche basilica, si erge, con la maestosità che ancora impregna di sé l'immagine intera della città, nel centro del quartiere residenziale romano. La sala del trono, che la storia vuole progettata dall'imperatore Costantino, è una delle più ampie strutture in mattoni senza appoggi ed altre strutture di sostegno, che sia mai riuscita a sopravvivere all'epoca degli antichi. Le dimensioni di questo complesso, inclusa l'enorme abside in cui gli imperatori pronunziavano le sentenze, davano udienze o ricevevano gli ospiti, erano davvero imponenti: 71 metri di lunghezza, 27,20 metri di larghezza e circa 33 metri di altezza. Il pavimento e le pareti erano riscaldati e ricoperti da lastre di marmo. Sopra alle maestose

◀ Basilika (innen) *Basilica (interni)*

und sonstige Einbauten ausgeführte Raum, der die Antike überdauert hat. Einschließlich der gewaltigen Apsis, in der die Kaiser Recht sprachen und Empfänge und Audienzen gaben, waren die Ausmaße gewaltig: 71 Meter lang, 27,20 Meter breit und etwa 33 Meter hoch. Der Boden und die Wände waren beheizt und mit Marmorplatten bedeckt. Über den gewaltigen, perspektivisch ausgerichteten Glasfenstern setzte sich die dekorative Innenausstattung durch Wandmalereien fort – wahrlich eine Demonstration römischer Macht. Auch die Außenansicht der Palastaula unterstrich den kaiserlichen Machtanspruch. Umgeben von Vorräumen und Säulenhallen ragte der farbig verputzte, mit zwei begehbaren Galerien versehene Monumentalbau in den Trierer Himmel. Im Mittelalter verfiel das Bauwerk zunächst, ging dann in fränkisches und später in erzbischöfliches Eigentum über. Schließlich wurde im 17. Jh die Basilika in den kurfürstlichen Palast integriert. Der preußische König Friedrich Wilhelm V. verfügte im 19. Jh. den Rückbau auf römisches Aussehen und übergab 1856 die einstmals römische Kaiserresidenz der evangelischen Gemeinde als „Kirche zum Erlöser" zu ewigem Nutzen. Als eine der größten evangelischen Kirchen in Deutschland gehört sie seit 1986 zum Weltkulturerbe der UNESCO.

finestre in vetro, allineate prospetticamente, la decorazione interna continua con i dipinti alle pareti, quasi a voler dare dimostrazione della potenza di Roma. La rivendicazione imperiale di esternare il proprio potere si riflette anche sull'esterno dell'Aula Palatina. La costruzione monumentale si ergeva un tempo nel cielo di Treviri con i colori variopinti degli intonaci, con le anticamere, con le colonne che occupavano le sue sale e con le due gallerie praticabili di cui era provvista. Durante il Medioevo, il complesso fu vittima di un periodo di degrado fu quindi ceduto ai Franchi e, in seguito, all'arcivescovado. Nel 17° secolo, infine, la basilica fu annessa al palazzo principesco, mentre nel 19° secolo, Federico Guglielmo IV, sovrano di Prussia, dispose che il complesso fosse restituito alla struttura ed all'aspetto originario romano, cedendo quest'antica residenza imperiale alla diocesi protestante, perché potesse disporne in eterno come "chiesa del Redentore". Dal 1986, essa fa parte del patrimonio dell'umanità protetto dall'UNESCO, come una delle più grandi chiese tedesche di culto protestante.

Rokoko-Treppenhaus

Scalinata rococò

KURFÜRSTLICHES PALAIS

Die optische und bauliche Verzahnung von Römischer Palastaula und Kurfürstlichem Palais deutet auf eine enge geschichtliche Verbindung hin. Nirgendwo sonst auf der Welt sind römischer Regierungssitz, in massiver

PALAZZO DEL PRINCIPE ELETTORE

Tra la romana Aula Palatina (Palastaula) ed il palazzo del principe elettore, corre una linea da seguire con lo sguardo e, al tempo stesso, una corrispondenza architettonica che rappresenta il legame, di tipo storico, tra le due strutture. In nessun altro luogo del mondo si possono trovare, così intimamente vicine le une alle altre, la pesante struttura in mattoni di un edificio governativo romano e quella di una residenza principesca in arioso rococò. Dopo la cessione della basilica agli arcivescovi, avvenuta nel 10° secolo, ed il suo conseguente utilizzo come sede amministrativa e centro di potere, la residenza del principe poté godere di una notevole opera di ampliamento,

Barocke Sphinx

Sfinge barocca

Ziegelbauweise, und kurfürstliche Residenz, in heiterem Rokoko, so dicht benachbart. Nach dem Übergang der Basilika in erzbischöflichen Besitz im 10. Jh. und der nachfolgenden Nutzung als Verwaltungs- und Machtzentrale wurde die kurfürstliche Residenz ab dem frühen 17. Jh. unter Lothar von Metternich erheblich erweitert. Nord- und Ostflügel wurden unter teilweiser Einbeziehung des Römerbaus als schmucklose und

con Lothar von Metternich, a partire dai primi anni del 17° sec. Dopo l'annessione al complesso di parte dell'edificio romano, l'ala nord e quella ad est della costruzione furono realizzate nello stile scarno del Rinascimento, trasformando questo tratto della residenza in una zona di grande impatto, che si contrappone, in un contrasto ricco di tensione, a quella più recente dell'ala sud. Questa ultima fu realizzata tra il 1756 ed il 1761 da Johannes Seiz, discepolo del famoso

streng wirkende Trakte im Renaissancestil ausgeführt und stehen in spannungsreichem Kontrast zum jüngeren Südflügel. Dieser wurde in den Jahren 1756 bis 1761 von Johannes Seiz, einem Meisterschüler des berühmten Balthasar Neumann, im Auftrag von Kurfürst Johann Philipp von Walderdorff errichtet. Der Bildhauer Ferdinand Tietz zeichnete sich für den Figurenschmuck, die Treppe und die Ausgestaltung des Mittelrisalits

maestro Balthasar Neumann, su incarico di Johann Philipp principe von Walderdorff. Lo scultore Ferdinand Tietz fu invece autore della decorazione figurativa della scala e della progettazione del risalto centrale. Il lato che dà sul giardino, originariamente progettato in modo da risultare simmetrico ma poi non più completato probabilmente per motivi di ordine economico, rimane uno dei capolavori dell'architettura del tardo periodo barocco. Sull'artistica balaustra in pietra del balcone con stemma del principe elettore e monogramma del committente dell'opera, troneggia un'antica schiera di figure di dei, ambasciatori di un particolare messaggio: il principe elettore, quale arcivescovo e signore del mondo,

Barocke Sphinx
Sfinge barocca

verantwortlich. Die ursprünglich symmetrisch geplante, dann aber wahrscheinlich aus Geldmangel doch nicht mehr vollständig ausgeführte Gartenseite ist ein Meisterwerk spätbarocker Architektur. Über dem kunstvollen steinernen Balkongeländer mit Kurfürstenhut und Monogramm des Bauherrn erhebt sich ein antiker Götterreigen, der eine besondere Botschaft verkündet: Der Kurfürst als Erzbischof

svuota la sua cornucopia e, giorno dopo giorno, anno dopo anno, ricolma la prospera terra di Treviri delle sue opere buone. Questo sembrano indicare anche Venere come dea dei giardini, nonché Apollo e Pomona, che svuotano il loro cesto di frutti dal frontone ad arco della costruzione. La dea Cerere incarna qui il simbolo dell'abbondanza dei raccolti, mentre la sua arnia a forma di cesto fa da monito: la diligenza e l'operosità sono requisiti assolutamente necessari al conseguimento della ricchezza suddetta. All'interno di questo palazzo, parzialmente distrutto durante la se conda guerra mondiale ed oggi

und weltlicher Herrscher gießt sein Füllhorn aus und überschüttet das blühende Trierer Land, Tag um Tag und Jahr um Jahr, mit seinen Wohltaten. Dies verdeutlichen im geschwungenen Giebelfeld Venus als Göttin der Gärten sowie Apoll und Pomona, die ihren Früchtekorb leeren. Die Göttin Ceres steht als Sinnbild einer reichen Ernte und ihr Bienenkorb als Mahnung dafür, dass Fleiß und Emsigkeit hierfür unbedingt notwendig sind. Ein weiteres Wunder des Rokoko befindet sich im Innern des im Zweiten Weltkrieg teilweise zerstörten, heute wieder als Regierungsgebäude genutzten Palais. Nach Entwürfen von Johannes Seiz schuf Ferdinand Tietz ein Treppenhaus in fürstlicher Pracht. Geländer und Umgangsbrüstungen zählen wegen ihres Rocaillewerks und der Putten zu den herausragendsten Bildhauerschöpfungen der Epoche. Die Heiterkeit des Südflügels setzt sich im Palastgarten fort, der lange Zeit als Exerzierplatz diente. Der Park, für dessen Anlage Franz Weissebach, Privatier und Mitbesitzer eines Weinguts, aufkam, ist mit seinen barocken Gartenfiguren, den zahlreichen Brunnen und Wasserspielen und seinen gepflegten Blumenrabatten heute ein gern besuchter Erholungsort im Herzen der Stadt.

utilizzato ancora come edificio governativo, si trova un altro gioiello del rococò. Ferdinand Tietz realizzò qui infatti una lussuosa e principesca scalinata su progetto di Johannes Seiz. La decorazione rocaille ed i putti dei corrimano e dei parapetti del deambulatorio fanno di quest'opera una delle creazioni scultoree più sorprendenti dell'epoca. La leggiadria dell'ala sud continua nel giardino del palazzo, che fu a lungo utilizzato come piazza d'armi. Ad assumersi, invece, l'onere finanziario per la realizzazione del parco, fu Franz Weissebach, ricco signore che viveva di rendita e comproprietario di terreni vinicoli, che ne fece quel che oggi, grazie alle statue barocche, ai numerosi giochi d'acqua nonché alle bordure di fiori sempre molto curate, è un frequentato luogo di relax nel cuore della città.

◄ Kurfürstliches Palais
Palazzo del principe elettore

▼ Palaisgarten
Giardino del palazzo

KAISERTHERMEN

UNESCO-WELTKULTURERBE

TERME IMPERIALI

PATRIMONIO CULTURALE DELL'UMANITÀ PROTETTO DALL'UNESCO

Am südlichen Ende des römischen Palastbezirkes wurde gegen Ende des 3. Jh.s mit dem Bau der

La costruzione delle terme imperiali fu iniziata alla fine del 3° secolo all'estremità sud dell'area ove sorgeva il palazzo romano; la loro edificazione, tuttavia, non fu mai

Kaiserthermen zwar begonnen, aber die Arbeiten wurden nie abgeschlossen. Die 250 Meter mal 145 Meter große Anlage sollte in der Residenz den Mittelpunkt des höfischen Luxus für den Imperator, den Hofstaat und seine Gäste bilden. Geplant war eine große Palästra zur Aufwärmung und sportlichen Betätigung. Zentrale Teile aber waren Räume zur Reinigung des Körpers, ein beheizbarer Warmbadesaal (Caldarium), ein temperierter Mitteltrakt (Tepidarium) und ein riesiger Kaltbadesaal (Frigidarium). Getrennt von Besuchern schufteten Sklaven und Aufseher an verrauchten, unterirdischen Feuerungsanlagen für das Wohlbefinden in einer hoch aufragenden, lichtdurchfluteten und verschwenderisch ausgestatteten Bäderlandschaft. Die stetige Zufuhr von in Kesselräumen auf Körpertemperatur erhitztem Wasser sollte die Nutzung als Badetempel und Ort für Gespräche und Begegnungen während des ganzen Tages garantieren. Hierzu wurde das Wasser über eine 13 Kilometer lange Leitung zugeführt. Doch die politische Entwicklung nach 316 und die Verlegung der Hauptstadt an den Bosporus durch Kaiser Konstantin (Konstantinopel) brachte den Bau ins Stocken, der jedoch später, verkleinert und umgebaut, eine andere Funktion erhielt. Im Mittelalter wurden die noch erhaltenen Teile als Burg genutzt und ab dem 12. Jh. als Tor in die neue

▼ Antiker Abwasserkanal — *Antico canale di scolo*

▲ Unterirdische Bedienungsgänge
Percorsi di servizio sotterranei

portata a termine. L'intero complesso, di 250 metri x 145 metri, avrebbe dovuto costituire il fulcro della lussuosa vita di corte della residenza ed essere destinato all'imperatore, ai suoi cortigiani nonché ai suoi ospiti. Il progetto comprendeva un'ampia zona adibita a campo sportivo in cui riscaldarsi e dedicarsi allo sport. Le aree più importanti del complesso erano tuttavia quelle riservate alla pulizia del corpo, una sala riscaldabile per il bagno caldo (caldarium), una zona temperata (tepidarium) ed un'enorme superficie in cui godere di un bagno freddo (frigidarium). In luoghi separati da quelli frequentati dai visitatori si svolgeva l'ingrato lavoro degli schiavi e dei guardiani ai fumosi impianti di combustione sotterranei per il benessere degli ospiti, in un paesaggio termale che si stagliava in alto nel cielo inondato di luce e strutturato in maniera pomposa. Il continuo rabbocco d'acqua riscaldata a temperatura del corpo in apposite vasche, doveva permettere l'utilizzo delle terme come tempio per il bagno e luogo per colloqui ed incontri che duravano anche tutto il giorno. A tal scopo, l'acqua veniva fatta affluire attraverso una conduttura lunga 13 chilometri. Gli sviluppi politici seguenti al 316, tuttavia, nonché il trasferimento della capitale dell'impero sulle rive del Bosforo operato da Costantino (Costantinopoli), fece arrestare i lavori per la costruzione del complesso, che fu comunque utilizzato con altre funzioni sebbene

Stadtmauer integriert. So ritt Napoleon 1804 durch die Kaiserthermen in die Stadt ein. Heute beeindrucken die Thermen nach Ausgrabung der Bedienungsgänge und Restaurierung der noch mehr als 20 Meter hohen Mauerzüge jeden Besucher und führen ihn zurück in die imperiale Residenz. Erlebnisführungen, Antikenfestspiele und „Brot und Spiele" lassen Augusta Treverorum wieder lebendig werden.

dopo lo svolgimento di alcuni lavori di ristrutturazione e riduzione della sua superficie. Durante il Medioevo, le parti ancora ben conservate dell'impianto termale furono riutilizzate come fortificazione e, dal 12° secolo, integrate nelle nuove mura cittadine per fungervi da porta. Nel 1804, Napoleone penetrò nella città in sella al suo cavallo proprio attraverso le terme imperiali. Oggi il complesso, del quale alcuni scavi hanno riportato alla luce anche i corridoi di servizio e cui un'opera di restauro ha restituito i muri perimetrali alti più di 20 metri, regala ad ogni visitatore l'emozione di sperimentare l'epoca della residenza imperiale. E' qui possibile far rivivere l'antica Augusta Treverorum, assaporando l'esperienza unica di una visita guidata o assistendo ai giochi del passato o, ancora, godendosi il "pane e giochi".

▲ ▶ Kaiserthermen
Terme imperiali

Ausgrabungsgelände mit Hypocausanlage

Sito degli scavi con impianto ipocausto

BARBARATHERMEN

UNESCO-WELTKULTURERBE

Die zweitgrößte Thermenanlage des Römischen Reiches entstand im 2. Jh., unweit der Römerbrücke, mit einer Ausdehnung von 172 mal 240 Metern. Benannt wurde sie nach dem mittelalterlichen Vorort „St. Barbara". Die antike Freizeit- und „Wellness"-Anlage mit riesigen Warm- und Kaltbädern, und den angegliederten Massage- und Aufenthaltsräumen diente in späteren Jahrhunderten als Burg, bis nach planmäßiger Abtragung und Sprengung der noch oberirdisch hoch aufragenden Mauern fast nichts mehr sichtbar blieb. Nach aufwändigen Restaurierungsarbeiten können die erhaltenen unterirdischen Be-dienungsgänge und Befeuerungsanlagen besichtigt werden.

TERME DI SANTA BARBARA

PATRIMONIO CULTURALE DELL'UMANITÀ PROTETTO DALL'UNESCO

Il secondo complesso termale in ordine di grandezza dell'impero romano risale al 2° secolo, sorge poco lontano dal Römerbrücke (ponte romano) ed ha un'area di 172 x 240 metri. Il nome gli deriva dal sobborgo medievale di "Santa Barbara". L'antico complesso studiato per il "benessere" ed il tempo libero, con enormi vasche per i bagni caldi e freddi nonché con le annesse sale per il massaggio e il soggiorno fu utilizzato, in secoli successivi, come fortezza. Le opere di demolizione e distruzione volutamente inflitte a questa struttura, fanno sì che oggi, dell'intero impianto e delle sua mura di superficie un tempo alte nel cielo, non rimanga quasi più nulla. Grazie ad un imponente lavoro di restauro è ora possibile visitare i percorsi di servizio sotterranei conservatisi fino ad oggi nonché gli impianti di riscaldamento.

AMPHITHEATER

UNESCO-WELTKULTURERBE

„Brot und Spiele" hieß es nicht nur im alten Rom, sondern auch in Augusta Treverorum – damals wie heute. So wurde im 2. Jh. an den Weinhängen des Petrisberges das zehntgrößte römische Amphitheater angelegt, das auf drei Rängen und erschlossen durch mehrere Zugänge etwa 20 000 Zuschauern Platz bot. Über den aus Erdmaterial aufgeschütteten Bau verlief westseitig die Stadtmauer, ein Stadtzugang durch das weite Oval der Arena (70 Meter mal 49 Meter). Hier kämpften ausgebildete und gut trainierte Gladiatoren mit

ANFITEATRO

PATRIMONIO CULTURALE DELL'UMANITÀ PROTETTO DALL'UNESCO

"Pane e giochi": così si diceva nell'antica Roma, così era nella vecchia Augusta Treverorum e così è anche oggi. Nel 2° secolo, le pendici del Petrisberg (monte Petris) coltivate a vigneti, videro la costruzione del decimo anfiteatro romano in ordine di grandezza, che poteva ospitare, grazie alle sue tre file di posti ed ai suoi molteplici accessi, circa 20.000 spettatori. Sopra al complesso realizzato in materiale naturale, si snodavano ad ovest le mura cittadine; esso costituiva, quindi, attraverso l'ovale della sua arena (70 x 49 metri) un vasto accesso alla città stessa. E' qui che i gladiatori appositamente addestrati ed allenati, combattevano uno contro l'altro con le armi più disparate o cercavano di vincere animali feroci, spesso

den verschiedensten Waffen gegeneinander oder gegen wilde Tiere, die oft über Tausende von Kilometern für eine einzige Vorstellung herbeigeschafft wurden. Mittels eines „Aufzugs“ wurden sie aus dem in den Fels gehauenen Keller in die Arena gebracht, um das Publikum zu faszinieren. Todgeweihte Frankenkönige und vornehme Germanen sollen hier, von Kaiser Konstantin verurteilt, durch ihr aussichtsloses Ringen um ihr Leben die Massen unterhalten haben. Der „Gladiator Valerius“ berichtet noch heute davon in seinen Erlebnisaufführungen im Amphitheater.

trasportati per migliaia di chilometri anche per una sola rappresentazione. Per meglio catturare l'attenzione del pubblico, essi erano ospitati in locali sotterranei scavati nella roccia, per poi uscirne onde accedere all'arena, tramite un "ascensore". Re franchi votati alla morte e coraggiosi Germani intrattenevano il pubblico e combattevano una lotta senza speranza x la vita sotto gli occhi dell'imperatore Costantino, chiamato a giudicarli. Quegli episodi vivono ancora oggi nelle rappresentazioni avventurose del "gladiator Valerius" ospitate nell'anfiteatro.

THERMENMUSEUM AM VIEHMARKT

In Trier steckt die Erde voller Überraschungen. Als man 1987 am Viehmarkt eine Tiefgarage bauen wollte, fand man Triers dritte und zugleich älteste Thermenanlage, die auf das frühe 2. Jh. zurückgeht. Die Garage wurde verkleinert, die Thermen gesichert. Darüber wurde ein gläserner Kubus nach den Plänen des Kölner Architekten Oswald Mathias Ungers gebaut – als Fenster in die Stadtgeschichte. Mächtige Fundamente, Badebecken, Zuflussrohre und Abwasserkanäle, Straßenzüge und mittelalterliche Bauten sowie Reste eines Kapuzinerklosters aus dem 17. Jh. zeigen die wechselvolle Geschichte des Ortes am römischen Forum. So wird Geschichte Schicht um Schicht und Mauerzug um Mauerzug erlebbar. Kein Wunder, dass man in diesem Ambiente gerne tagt, tafelt oder zu stilvollen Weinproben einlädt.

MUSEO DELLE TERME AL MERCATO DEL BESTIAME

A Treviri, il sottosuolo riserva molte sorprese. Nel 1987 in occasione della prevista costruzione di un garage sotterraneo nell'area del mercato del bestiame; venne alla luce il terzo ed, al tempo stesso, più antico complesso termale di Treviri, che risale alla prima metà del 2° secolo. Per mettere al sicuro le terme, fu quindi ridotta la struttura del garage e fu realizzato in superficie, secondo i progetti dell'architetto di Colonia Oswald Mathias Ungers, un cubo di vetro, che fungesse da finestra aperta sulla storia della città. Le possenti fondamenta, le vasche per il bagno, le condutture di afflusso ed i canali di scolo, ma anche i tracciati delle strade e le costruzioni medioevali accanto ai resti di un convento di frati cappuccini del 17° secolo, mostrano come sia vario il passato di questo luogo sul foro romano. Strato dopo strato, muro dopo muro è qui possibile sperimentare la storia. Non c'è quindi da stupirsi, se questo è un luogo in cui ci si intrattiene volentieri, banchettando o concedendosi raffinate degustazioni di vini.

PALAIS KESSELSTATT

Gegenüber dem Bischofshof hat in der engen Liebfrauenstraße das Reichsgrafengeschlecht von Kesselstatt ein recht originelles Stadtpalais. Es wurde von dem Mainzer Architekten Johann Valentin Thomann zwischen 1740 und 1745 errichtet. Der zurückspringende und doch zur Straße vorgewölbte Mittelrisalit mit Torbogen, Balkon und reich verzierten Wappen im Giebelfeld ist ein Meisterwerk des Rokoko. Im Innern sind die repräsentativen Räume leider verloren gegangen. Die Reichsgrafenfamilie, die Domherren und einflussreiche Amtsleute stellte, war auch im moselländischen Weinbau tätig und besaß viele Güter. Deshalb hat man neben dem im Zweiten Weltkrieg stark zerstörten und wieder aufgebauten Palais eine Kopie des berühmten „Neumagener Weinschiffs" aufgestellt. Erstklassige Küche und hervorragende Weine bieten zwei Restaurants an, in den weitläufigen Kelleranlagen finden Weinproben mit bis zu 250 Personen statt.

PALAZZO KESSELSTATT

Nell'angusta Liebfrauenstraße, proprio di fronte a quella che era la corte vescovile, sorge l'originale residenza di città della nobile casata dei conti imperiali von Kesselstatt. Il palazzo fu realizzato dall'architetto di Magonza Johann Valentin Thomann tra il 1740 ed il 1745. Il risalto centrale che, pur rientrante, forma comunque una curvatura a volta che si protende verso la strada, insieme all'arco della porta, al balcone ed ai blasoni del frontone riccamente decorati, costituisce un capolavoro del rococò. Le sale di rappresentanza dell'interno sono purtroppo andate perdute. La famiglia di conti imperiali, che aveva facoltà di scegliere i capitolari del duomo oltre ad influenti funzionari amministrativi, possedeva molti beni ed era attiva anche nel settore della viticoltura della regione della Mosella. E' questo uno dei motivi per cui ora, accanto al palazzo fortemente danneggiato durante la seconda guerra mondiale ed in seguito ricostruito, compare una copia del famoso "Neumagener Weinschiff" (nave di Neumagen che trasporta il vino). Qui, due ristoranti offrono cucina di alta qualità e vini pregiati, che è possibile degustare nelle ampie cantine in cui trovano posto fino a 250 persone.

KORNMARKT

Am Kornmarkt blickt heute St. Georg, der Drachentöter, auf einen neu gestalteten Platz herab. Rund um den 1750 von Johannes Seiz errichteten Brunnen zu Ehren des damaligen Kurfürsten setzen die „Kronenburg“ (Hauptpost), das klassizistische Casino (Wirtshäuser und Bürgersaal) und ein moderner Glasbau interessante Akzente.

KORNMARKT

Lo sguardo di San Giorgio, vincitore sul drago, domina, la piazza del Kornmarkt, ristrutturata di recente. Attorno alla fontana, realizzata nel 1750 circa da Johannes Seiz in onore del principe elettore, sorgono interessanti edifici quali il "Kronenburg" (la posta centrale), il casinò in stile classicistico (con osterie e sale) ed una costruzione in vetro in stile moderno.

Georgsbrunnen
Fontana di San Giorgio

RATHAUS

Nach der Zerstörung des alten Rathauses am Kornmarkt zog die Trierer Stadtverwaltung in das ehemalige Klostergebäude der Augustinereremiten um. Seit der Französischen Revolution nutzte man den Gebäudekomplex teilweise als Kaserne, Armen- und Irrenhaus. Die kreuzgratgewölbte Kirche des Klosters aus dem 14. Jh. dient heute als Rathaussaal, in dem für die Stadt bedeutsame Entscheidungen getroffen werden. Einmalig in diesem Saal ist das so genannte „Neutorrelief". Es zeigt den segnenden Christus, den Schlüssel tragender Stadtpatron Petrus und den ersten Bischof Eucharius mit einem Modell der Stadt Trier, der SANCTA TREVERIS. Ursprünglich war dieses in Europa einmalige Relief zum Besuch des Papstes Eugen III. im Jahre 1142 am „Neuen Tor" der südlichen mittelalterlichen Stadtmauer angebracht. Nach dem Abriss im Jahre 1876 kam das Kunstwerk ins Museum und im 20. Jh. endlich in den Rathaussaal. Die Umschrift des Reliefs lautet: TREVERICAM PLEBEM DOMINUS BENEDICAT ET URBEM (Der Herr segne die Stadt Trier und ihre Einwohnerschaft).

MUNICIPIO

Dopo la distruzione del vecchio municipio sul Kornmarkt, la pubblica amministrazione di Treviri decise di trasferire la propria sede nell'ex edificio del convento dei padri eremiti di Sant'Agostino. A partire dalla rivoluzione francese, il complesso fu impiegato in parte come caserma, come ospizio dei poveri e manicomio. La chiesa del convento, con la sua volta a crociera a sesto normale del 14° secolo, serve oggi da sala municipale, dove vengono prese decisioni importanti per la città. Unico, in questo salone, il cosiddetto "Neutorrelief" (rilievo della porta nuova). L'opera raffigura Cristo nell'atto di benedire il patrono della città San Pietro, portatore delle chiavi, insieme al primo arcivescovo Eucharius con un modello di Treviri, il "SANCTA TREVERIS". Quest'opera unica in Europa era stata originariamente realizzata sul porta nuova, situata sul lato sud delle mura cittadine medievali, in occasione della visita di papa Eugenio III, nel 1142. Dopo la demolizione del complesso, nel 1876, l'opera fu trasferita in un museo e infine nel 20° secolo nella sala municipale. Sul rilievo si legge: TREVERICAM PLEBEM DOMINUS BENEDICAT ET URBEM ("il Signore benedica la città di Treviri ed il suo popolo").

KARL-MARX-HAUS

In der Brückenstraße 10 wurde am 5. Mai 1818 der berühmteste Sohn der Stadt Trier, Karl Marx, geboren. Die Ideen des Begründers des wissenschaftlichen Sozialismus haben weithin die Geschichte der Menschheit im 20. Jh. und darüber hinaus bestimmt. In dem um 1727 errichteten barocken Wohnhaus hat die Friedrich-Ebert-Stiftung 1968 eine Dauerausstellung zu Leben und Werk von Karl Marx und Friedrich Engels eingerichtet, die 2005 nach modernen Gesichtspunkten neu gestaltet wurde. Präsentiert wird die wechselvolle Geschichte des Hauses, Marx' Trierer Jugendzeit, seine Arbeit als Publizist, Philosoph und Politiker. Ein weiterer Schwerpunkt beschreibt Marx' Leben im Exil, seine Verbindung zur Arbeiterbewegung und Nachwirkungen seiner Ideen in der kommunistisch geprägten Welt und der politischen Entwicklung im 20. Jh. Kein Wunder, dass das Karl-Marx-Haus heute zur Pilgerstätte von meist chinesischen Besuchern geworden ist und einen hervorragenden Ruf als Forschungsstätte genießt.

CASA DI KARL MARX

Il 5 maggio 1818, nasceva al numero 10 della Brückenstraße, il figlio della città di Treviri destinato a divenirne anche il cittadino più famoso: Karl Marx. Le idee di quello che fu il fondatore del socialismo scientifico, hanno influenzato la storia dell'umanità del 20° secolo ed oltre. La casa, costruita in stile barocco intorno al 1727, ospita oggi un'esposizione permanente voluta nel 1968 dalla fondazione Friedrich-Ebert e revisionata nel 2005 in virtù di nuove e moderne interpretazioni, avente per oggetto la vita e l'opera di Karl Marx e Friedrich Engels. L'esposizione racconta la storia ricca di cambiamenti della casa, ma anche la giovinezza vissuta a Treviri di Marx, il suo lavoro di pubblicista, filosofo e politico. Un'altra sezione di grande importanza è dedicata alla vita di Marx in esilio, ai suoi rapporti con il movimento dei lavoratori ed alle conseguenze che le sue idee ebbero nel mondo, permeato dalle concezioni del comunismo, e nella storia politica del 20° secolo. Non c'è quindi da meravigliarsi, che oggi la casa di Karl Marx sia divenuta quasi una meta di pellegrinaggio soprattutto per i visitatori che provengono dalla Cina, nonché che goda di grande fama come sito di ricerche e studi.

▼ Gedenktafel am Karl-Marx-Haus
Insegna commemorativa sulla casa di Karl Marx

▼ Manuskriptseite des Manifests der Kommunistischen Partei
Pagina del manoscritto del Manifesto del Partito Comunista

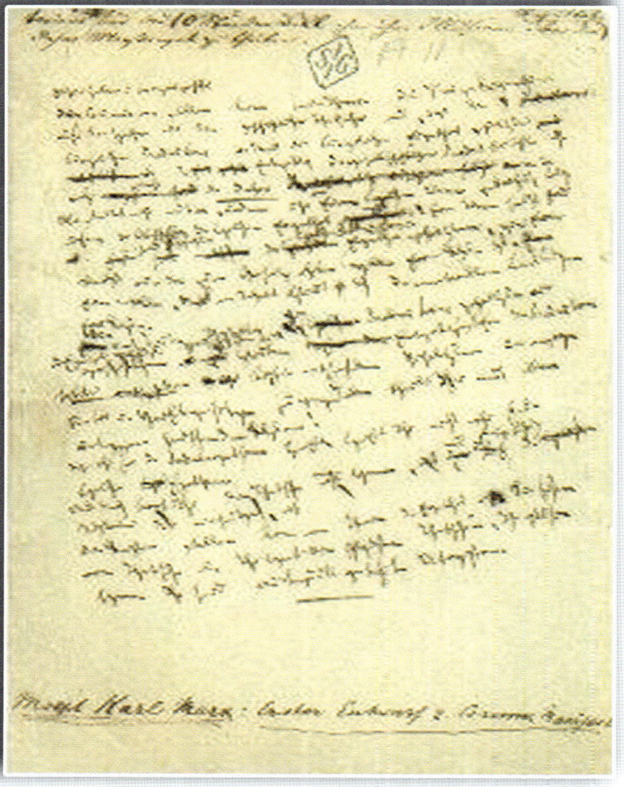

HOCHBUNKER

1943 wurde der Luftschutzbunker im Stile eines Stadtturmes errichtet. Der neungeschossige Stahlbetonturm sollte in Notzeiten bis zu 2 200 Menschen Zuflucht bieten und Zentrale der Verwaltung sein. Heute dient er als Depot und Archiv der Stadt Trier.

HOCHBUNKER

Questo rifugio antiaereo è stato costruito nel 1943 in forma di torre. La torre a nove piani in cemento armato, era stata progettata per poter dare rifugio in caso di emergenza a 2.200 persone, oltre che per fungere da centro amministrativo. Oggi è utilizzata come deposito e archivio della città di Treviri.

▲ Frankenturm
Torre di Franco

◄ Hochbunker
Hochbunker

FRANKENTURM

Von allen nachgewiesenen Wohntürmen der mittelalterlichen Stadt ist er als einziger noch als solcher erkennbar. Um 1100 errichtet aus wieder verwendeten römischen Bauteilen, erhielt er seinen Namen nach seinem Besitzer Franco von Senheim. 1938 restauriert und lange Zeit verwaist, ist der Frankenturm heute für die Öffentlichkeit zugänglich und somit Teil der begehbaren Stadtgeschichte.

TORRE DI FRANCO

Tra tutte le torri medievali della città, di cui sia stato dimostrato l'uso abitativo, questa è l'unica in cui tale aspetto sia ancora riconoscibile. La torre fu costruita intorno al 1100 riutilizzando parti di costruzioni romane e deve il proprio nome al suo proprietario, Franco von Senheim. La torre di Franco, restaurata nel 1938 ma rimasta a lungo abbandonata, è oggi di nuovo accessibile al pubblico e fa quindi parte dei monumenti visitabili che testimoniano la storia della città.

▲ Stadttheater
Teatro civico

▼ Pranger
Gogna

STADTTHEATER

Seit etwa 2000 Jahren wird in Trier Theater gespielt. Das Dreispartentheater (Musik, Ballett, Schauspiel) mit Großem Haus und kleinerer Studiobühne wurde 1964 eingeweiht.

TEATRO CIVICO

A Treviri il teatro è di casa da circa 2.000 anni. Questo teatro, concentrato su tre aree artistiche (la musica, il balletto, la recitazione) ed inaugurato nel 1964, ha in cartellone stagioni di opere liriche e di teatro d'avanguardia.

PRANGER

1979 wurde in der Grabenstraße vor dem ehemaligen weltlichen Gerichtshaus eine Nachbildung des kurfürstlichen Prangers aufgestellt – allerdings mit dem städtischen Wappen als Bekrönung.

GOGNA

Dal 1979, la Grabenstraße ospita, dinnanzi all'ex tribunale laico, una copia della gogna dei tempi del principe elettore, anche se provvista della bandiera della città che le fa da corona.

BRUNNEN

Brunnenkultur ist Stadtkultur. Früher waren Brunnen lebenswichtig, förderten die Hygiene und Kommunikation, heute sprechen sie Einsichten und Empfehlungen aus, prägen Plätze oder Straßen: Sie sind Denkmäler.

FONTANE

La tradizione culturale delle fontane è un tutt'uno con quella della città in cui sorgono. Un tempo, le fontane erano fondamentali per la vita stessa: promuovevano la diffusione dell'igiene ed aiutavano la gente a comunicare; oggi esprimono giudizi e moniti, lasciando la loro impronta su piazze o strade: sono monumenti.

2

1

3

4

5

6

7

1 Handwerkerbrunnen - *Fontana degli artigiani (1984)*

2 Herkulesbrunnen - *Fontana di Ercole (1729)*

3 Vertriebenen-Gedenkbrunnen - Fontana in memoria dei profughi (1967)

4 Balduinsbrunnen - *Fontana di Baldovino (1897)*

5 Heuschreckbrunnen - *Fontana delle locuste (1977)*

6 Wasseruhr - *Fontana clessidra ad acqua (1986)*

7 Dasbachbrunnen - *Fontana di Dasbach (1984)*

RHEINISCHES LANDESMUSEUM

Ein Museum der Superlative überragt die mittelalterliche Stadtmauer nahe der restaurierten Kastilport, einem Tor aus dem 12. Jh. Das Rheinische Landesmuseum, hervorgegangen aus dem ehemaligen Provinzialmuseum von 1885, ist eines der wichtigsten und spannendsten archäologischen Museen in Deutschland. „Kein anderes Museum", so das Haus über sich selbst, „unterrichtet so umfassend über gallo-römische Zivilisation, Wirtschaft, Siedlung und Kunst der ersten vier Jahrhunderte nach Christus." Laufend wird der Museumskomplex erweitert, weil Neufunde aus Trier und Umgebung sowie moderne Konzeptionen von Ausstellungsteilen und Sonderschauen dies erfordern. Die Vor- und Frühgeschichte im römisch geprägten Trier steht nicht im Vordergrund. Vielmehr wird die Frage des Überganges von der gallischen zur gallo-römischen und zur römischen Lebensweise sowie des Wandels und der Durchdringung von Götterwelt und Religion in der gesamten Kultur an ausgewählten Exponaten erläutert. Zentraler Bestandteil des Museums sind die weltberühmten „Neumagener Grabdenkmäler", denen eine regelrechte „Straße" gewidmet ist. Die Denkmäler mit einmaligen Szenen des damaligen Lebens stammen ursprünglich von einem Gräberfeld im Norden der Stadt Trier, wurden dann aber als Baumaterial für das moselabwärts gelegene konstantinische Kastell

MUSEO REGIONALE RENANO

Un museo superlativo, il cui edificio sorge accanto alla Kastilport, l'antica porta restaurata del 12° secolo, sovrastando le mura medioevali della città. Il museo regionale renano, sorto al posto dell'ex museo provinciale del 1885, è, grazie ai suoi reperti archeologici, uno dei più importanti ed entusiasmanti della Germania. Gli stessi responsabili lo definiscono come una struttura "ineguagliata al mondo quanto a vastità di informazioni sulla civiltà gallo-romana, l'economia, la storia degli insediamenti e quella dell'arte dei primi quattro secoli dopo Cristo". L'intero complesso del museo viene continuamente ampliato in virtù di nuovi ritrovamenti provenienti da Treviri o dalle vicinanze della città, nonché di nuove progettazioni di parti delle esposizioni e di altre mostre straordinarie. La preistoria e la protostoria della Treviri fortemente impregnata di romanità, occupano qui un ruolo di secondo piano. Gli sforzi sono infatti concentrati sulla volontà di illustrare, grazie alla selezione degli oggetti esposti, il passaggio dalla civiltà gallica a quella gallo-romana, prima, e romana, poi, nonché di chiarire il punto di svolta che ha visto il divino e la religione impregnare di sé l'intera cultura. Il fulcro del museo sono i celeberrimi "monumenti funebri di Neumagen" a cui è dedicata un vero e proprio "percorso". Detti monumenti, ritrovati solo nel 19° secolo e sui quali sono raffigurate scene di vita del tempo uniche

„Noviomagus“ (Neumagen) verwendet und erst im 19. Jh. gefunden. Das „Neumagener Weinschiff“ und der „Fröhliche Steuermann“ erzählen vom moselländischen Weinbau zur Römerzeit und vom Transport des Weines zu Wasser, Darstellungen von Pachtzinszahlungen beschreiben die damalige Geldwirtschaft. Das Thema Bildung und Erziehung wird durch die „Schulszene“ illustriert, eine Abbildung, die in vielen Geschichts- und Lateinbüchern zu finden ist. Jagdszenen vermitteln Kenntnisse über die damalige Tierwelt. Ein besonderes Glück ist es, dass ein 23 Meter hohes Pfeilergrab die Jahrtausende überdauert hat: die Igeler Säule. Das Grabmal der Secundinier mit Darstellungen des Lebensumfeldes einer reichen Tuchhändlerfamilie aus dem 3. Jh., heute UNESCO-Weltkulturerbe, steht als eine Kopie im Museumshof. Das Original steht im Ort Igel an der Straße von Trier nach Luxemburg. So nehmen

nel loro genere, provengono da tombe situate a nord della città di Treviri che furono utilizzate come materiale edile per la costruzione del castello "Noviomagus" (Neumagen) di Costantino, situato, scendendo a valle, sulle rive della Mosella. La "nave di Neumagen che trasporta il vino" e l'"allegro timoniere" raccontano di come fosse la viticoltura nella regione della Mosella all'epoca romana e delle condizioni di trasporto del vino via acqua; le scene che raffigurano i pagamenti di canoni d'affitto descrivono invece la gestione delle finanze del tempo. Quanto a temi quali formazione ed educazione, essi sono illustrati dalla scena "di vita scolastica", una raffigurazione che è stata ripresa da molti libri di storia e di latino. Le scene di caccia ci trasmettono invece delle conoscenze relative al mondo animale dell'epoca. E' inoltre davvero un caso fortunato, il fatto che si sia conservata fino ai giorni nostri lungo i secoli passati una stele sepolcrale alta 23 metri: la colonna di Igel. Nel cortile interno del museo si trova una copia di questo monumento tombale della famiglia dei Secundinier, ricchi commercianti di stoffe del 3° secolo, ora divenuto, con le sue rappresentazioni delle condizioni di

Kastilport
Porta Kastil

Götterkulte und Begräbnissitten thematisch einen breiten Raum ein. Ein weiterer Schatz, der in Deutschland nirgends in dieser Fülle anzutreffen ist, sind die etwa 200 Mosaike, von denen eines sogar an Ort und Stelle gefunden wurde, die jedoch nicht in ihrer Gesamtheit ausgestellt werden können. Aber diejenigen, die zu sehen sind, gehören zu den prächtigsten überhaupt. Neben meist farbigen Böden mit ornamentalen Mustern, oft aus Millionen kleiner Steinchen und nach Vorlagen zusammengesetzt, faszinieren vor allem die Mosaike

vita familiari, patrimonio culturale protetto dall'UNESCO. L'originale si trova invece in località Igel, lungo la strada che da Treviri conduce in Lussemburgo. Da un punto di vista della trattazione tematica, i culti degli dei ed i costumi sepolcrali occupano una vasta area. Un altro dei tesori di questa collezione, che, almeno in Germania, non ha eguali quanto a ricchezza, è rappresentato dai circa 200 mosaici, impossibili da esporre tutti insieme, tra cui uno addirittura trovato in loco. Quelli visibili, tuttavia, appartengono sicuramente alla categoria dei più lussuosi. Accanto ai

▲ Giebelrelief mit Mahlszene
Rilievo del frontone con scena di un banchetto

▲ Reliefausschnitt eines Grabpfeilers
Particolare del rilievo di un pilastro sepolcrale

Römische "Gräberstraße"
Strada romana "dei sepolcri"

mit den verschiedensten Bildthemen. Großartig ist die lebendige Darstellung des „Rennfahrers Polydus“, der in Siegerpose gekonnt sein Viergespann mit dem Leitpferd „Compressore“ lenkt. Weitere Darstellungen widmen sich im Musenmosaik antiken Dichtern und Philosophen sowie heidnischen Mysterien (Leda-Mosaik), die im Einzelnen immer noch nicht ganz geklärt sind. Ein für die Kultur ganz besonderer Glücksfall ereignete sich 1993 beim Bau einer Tiefgarage. Auf den Schutthalden fanden Hobbyarchäologen ein teilweise beschädigtes antikes Gefäß. Dessen Inhalt stellte sich als eine große Sensation heraus, nachdem die ehrlichen Finder ihren Fund im Landesmuseum abgegeben hatten. Es handelte sich um den größten Goldschatz des Römerreiches, der je gefunden wurde. Etwa 2600 Goldmünzen mit ca. 18 Kilogramm Gewicht waren in unruhigen Zeiten gegen Ende des 2. Jh.s unter dem Fußboden eines römischen Stadthauses vergraben und – als die Lage sich wieder entspannte – schlichtweg vergessen worden. Heute können

▲ Ausschnitt aus dem großen Elternpaarpfeiler
Particolare dal grande pilastro con coppia di genitori

▲ Skulptur: Bär schlägt Eber
Scultura: orso che vince il cinghiale

numerosi pavimenti variopinti con motivi ornamentali spesso costituiti da milioni di piccole tessere e composti seguendo dei modelli, grande fascino hanno anche i mosaici ove sono raffigurati i soggetti più diversi. Di grande magnificenza è anche la vivace rappresentazione del “corridore Polydus” abile guidatore in posa da vincitore sulla sua quadriga con alla testa il cavallo “Compressore”. Altre scene, rappresentate nel mosaico delle muse, sono invece dedicate ad antichi poeti e filosofi, nonché a misteri pagani (mosaico di Leda), sui quali non è ancora stata fatta chiarezza nel dettaglio. Nel 1993, durante i lavori per la costruzione di un garage sotterraneo, accadde un evento particolare, considerato come un evento davvero felice per gli ambienti culturali. Su un cumulo di detriti, infatti, alcuni archeologi non professionisti, trovarono un antico vaso parzialmente danneggiato.

die zum Teil recht seltenen Münzen mit Bildnissen römischer Kaiser und ihrer Gemahlinnen im Münzkabinett des Landesmuseums in aller Ruhe bestaunt werden. Studien über die römische Residenzstadt Augusta Treverorum kann man auch an einem eindrucksvollen Modell betreiben, das die Moselmetropole, damals eine der größten Städte des Weströmischen Reiches, zeigt. Auf der Grundlage archäologischer Erkenntnisse und antiker schriftlicher Quellen ist das Modell in jahrelanger Arbeit erstellt worden. Von Macht und Reichtum der alten Stadt und ihres Umlandes zeugen

Dopo che gli onesti ricercatori ebbero consegnato il contenuto del vaso stesso al museo regionale, si poté scoprirne il carattere sensazionale. Si trattava, infatti, del più ricco bottino in oro, facente parte del tesoro dell'impero romano, che mai fosse stato trovato. Circa 2.600 monete d'oro, per un peso totale di 18 Kg, erano state sepolte, intorno alla fine del 2° secolo durante un periodo di grande instabilità, sotto al pavimento di una residenza cittadina romana e quindi semplicemente dimenticate nello stesso luogo, dopo che la situazione tornò ad essere tranquilla. Oggi le monete, in parte davvero molto rare, sulle quali

◄ "Rennfahrer Mosaik"
"Mosaico del corridore"

▲ Teil des Dionysos-Mosaik
Parte del mosaico di Dioniso

auch die wunderbaren Prunkgläser, darunter das größte Diatretglas, gefunden in Niederemmel als Grabbeigabe. Der Besitzer lebte, den übrigen Funden nach zu urteilen, im Umfeld des kaiserlichen Hofes und war vielleicht sogar Christ. Den Siegeszug des Christentums und die frühen Zeugnisse dafür sind hervorragend dokumentiert und ergänzen die Ausstellung des Museums am Dom. Nach der Römerzeit traten die Franken im Trierer Land die Herrschaft an. Ihr historisches Erbe, meist Gräberfunde mit kostbaren Beigaben, wird

sono raffigurati imperatori romani con le loro consorti, possono essere ammirate in tutta calma nel salone della numismatica del museo regionale. Grande è inoltre l'effetto prodotto da un modellino della città romana di Augusta Treverorum che la riproduce così come essa si presentava allora: una delle più grandi città del Romano Impero d'Occidente e grazie al quale è possibile condurre degli studi sulla metropoli sorta sulle rive della Mosella. Il modellino è frutto di un lavoro durato anni e delle ricerche condotte sulla base di fonti scritte e dati risultanti da scavi archeologici. A

Ausschnitte aus größeren Mosaiken
Particolari dei mosaici più grandi

in wechselnden Ausstellungen präsentiert. Überhaupt sollte ein Besucher des Rheinischen Landesmuseums immer wieder den Weg hierher finden, denn stets erhält man einen aktuellen Überblick über die Ergebnisse der

testimoniare della ricchezza e del potere di questa città e di questa intera area nell'era antica, vi sono anche magnifici e lussuosi oggetti in vetro, tra cui un grandissimo vaso diatreto, che faceva parte di un arredo funebre, ritrovato

laufenden Ausgrabungen, die auch in begleitenden Vorträgen den Zuhörern erläutert werden. So zeigt eine große Landesausstellung, in Zusammenarbeit mit dem Städtischen Museum und dem Museum am Dom, das Leben und Wirken des ersten christlichen Kaisers,

nella regione del Niederemmel. Secondo i dati emersi grazie ad altri ritrovamenti, il proprietario doveva essere vissuto nell'ambiente di corte imperiale e poteva perfino essere Cristo. Quella del Cristianesimo fu una marcia trionfale, le cui prime testimonianze, che completano quelle presenti al museo del duomo, sono qui documentate in maniera sorprendente. Alla fine dell'epoca romana, la regione di Treviri fu dominata dai Franchi. La loro eredità storica, costituita soprattutto dai preziosi arredi funebri che fanno parte dei ritrovamenti archeologici funerari, è oggetto di svariate mostre. Chi decide di visitare il museo regionale renano, dovrebbe sempre e necessariamente poterne ritrovare la via: gli scavi non finiscono mai ed i dati che ne risultano, danno vita ad interpretazioni generali

◂ Diatretglas
Vaso diatreto

Neumagener Weinschiff Nave per il vino di Neumagen

Konstantin, der 306 bis 316 Trier zu seiner Residenz wählte und der wie kein anderer römischer Imperator unser christliches Abendland bis heute geprägt hat.

sempre nuove, illustrate a chi è interessato ad ascoltarle anche in cicli di conferenze appositamente organizzate. In tale direzione, si colloca una vasta esposizione regionale, organizzata in collaborazione con il museo civico e quello del duomo, concepita allo scopo di illustrare la vita e le opere del primo imperatore cristiano, Costantino, che, dal 306 al 316, scelse Treviri come sua residenza e che marcò la storia dell'Occidente cristiano fino ai giorni nostri, come nessun altro imperatore romano.

▲ Münzportrait Kaiser Augustus

Ritratto dell'imperatore Augusto su una moneta

▲ Fränkische Goldblech-Scheibenfibel

Spilla in sottile lamina d'oro del periodo franco

► Igeler Säule

Colonna di Igel

▸ Pacellikreuz
Croce di Pacelli

ST. MATTHIAS

Trier besitzt mit St. Matthias das einzige Apostelgrab nördlich der Alpen. Die mittelalterliche Überlieferung weist die heilige Helena, die Mutter Kaiser Konstantins, als diejenige aus, die die Gebeine des Apostels nach ihrer Reise ins Heilige Land neben den ersten Trierer Bischöfen beisetzen ließ. Die Kirche mit der Westfassade aus dem 18. Jh. wurde vielfach umgebaut und erweitert, der Vorplatz in den letzten Jahren neu gestaltet. Jährlich suchen Tausende von Pilgern die Benediktinerabtei auf.

SAN MATTEO

Treviri ospita a San Matteo l'unico sepolcro di uno degli apostoli a nord delle Alpi. La tradizione medievale vuole che Sant'Elena, madre dell'imperatore Costantino, abbia voluto far seppellire il corpo dell'apostolo vicino a quelli dei primi vescovi di Treviri, al ritorno dal suo viaggio in Terra Santa. La chiesa, la cui facciata ovest risale al 18° secolo, fu più volte modificata ed ampliata, la ristrutturazione del piazzale antistante risale invece ad anni più recenti. L'abbazia benedettina è meta ogni anno di migliaia di pellegrini.

ST. PAULIN

Ein kunstgeschichtliches Kleinod stellt die spätbarocke Stiftskirche St. Paulin dar. Sie wurde auf einem antiken Gräberfeld errichtet, mehrfach umgebaut und, nach Plänen von Ch. Kretschmar und B. Neumann, im Jahre 1757 als „Juwel des bayerischen Barock im Rheinland" neu eingeweiht. Die einschiffige Basilika mit klassizistischer Haube und Laterne ist im Innern mit Malereien von Ch. T. Scheffler und einem Hochaltar mit dem Wappen des Kurfürsten von Schönborn verschwenderisch ausgestattet – ein Abbild des Himmels. Im Mittelpunkt des Deckengemäldes stehen die Soldaten der Thebäischen Legion, die unter Kaiser Maximian den Märtyrertod starben. Weitere Szenen widmen sich dem Leben des heiligen Paulinus, der als Bischof nach Kleinasien verbannt wurde, dort starb, aber nach Überführung der Gebeine hier um 400 seine letzte Ruhe fand.

SAN PAOLINO

La chiesa collegiata di San Paolino è un gioiello della storia dell'arte, un tesoro del tardo periodo barocco. L'edificio, costruito su un antico cimitero, subì numerose modifiche e venne poi realizzato sui progetti di Ch. Kretschmar e B. Neumann, che gli valsero una nuova consacrazione come "gioiello del barocco bavarese in Renania" nel 1757. La basilica ad una sola navata con la sua volta e lanterna in stile classicistico, è arredata in maniera pomposa ed ospita al suo interno dipinti di Ch. T. Scheffler ed un altare maggiore con le insegne del principe elettore von Schönborn. E', insomma, quasi una copia del cielo. Al centro del dipinto sul soffitto, si possono ammirare i soldati della legione di Tebe che subirono il martirio sotto l'imperatore Massimiliano. Altre scene rappresentano la vita di San Paolino vescovo, che, costretto all'esilio in Asia Minore, morì in quella terra, prima che il suo corpo venisse trasferito qui e vi trovasse l'eterno riposo intorno al 400.

oben: Chorgestühl — *sopra: Stalli del coro*
unten: Paulinus-Gruft — *sotto: Cripta di San Paolino*

ALTER MOSELKRAN

Zwei Kräne zeugen vom mittelalterlichen Hafen. Der ältere aus dem Jahre 1413, ausgestattet mit einer ausgefeilten, robusten Technik und drehbaren Auslegern, versah bis 1910 verlässlich seinen Dienst. Zentnerschwere Lasten konnten mittels der durchdachten Konstruktion aus Eichenholz fast mühelos bewegt werden.

ANTICA GRU SULLA MOSELLA

Due sono oggi le gru che testimoniano l'esistenza del porto medioevale. La più antica, che risale al 1413 ma che ha prestato onorato servizio fino al 1910, è il robusto frutto di tecnologie avanzate ed è provvista di un braccio girevole. Grazie a questa struttura ben calibrata in rovere, potevano essere movimentati agevolmente carichi pesanti anche mezzo quintale.

Alter Moselkran
Antica gru sulla Mosella

Römerbrücke
Ponte romano

RÖMERBRÜCKE

UNESCO-WELTKULTURERBE

Seit mehr als 2000 Jahren dient die älteste Brücke nördlich der Alpen einer sicheren Moselüberquerung. Die Hölzer eines Vorgängerbaues halfen Wissenschaftlern bei der Datierung der Stadtgründung: 16 v. Chr. gilt seither als das Trierer Geburtsjahr. Die Brücke wurde schon zu römischer Zeit – im 2. Jh. – erneuert, im 14. Jh. durch gemauerte Bögen verstärkt und – nach Sprengungen durch die Franzosen – im 18. Jh. restauriert.

PONTE ROMANO

PATRIMONIO CULTURALE DELL'UMANITÀ PROTETTO DALL'UNESCO

Da più di 2.000 anni il più antico ponte a nord delle Alpi assicura un sicuro attraversamento della Mosella. Le travi in legno di una precedente costruzione furono da supporto agli scienziati per l'individuazione esatta della data di fondazione della città: l'anno di nascita di Treviri è, da quel momento, il 16 a. C. Già durante l'epoca romana, nel 2° secolo, il ponte subì una prima ristrutturazione, per poi essere rinforzato, tramite archi in muratura, anche nel 14° secolo e quindi restaurato dai Francesi nel 18° a causa dei gravi danni subiti.

Mariensäule mit Blick auf Trier
Colonna della Vergine con vista su Treviri

ZURLAUBEN

Nahe der Kaiser-Wilhelm-Brücke legen in Zurlauben die Passagierschiffe und Ausflugsdampfer an. Wo im 18. Jh. Schiffsleute und Fischer zu Hause waren, haben sich heute malerische Gasthäuser mit rebenumwachsenen Gartenhäusern und Lauben etabliert. Hier sitzt man gerne bei einem Glas Wein oder einer „Porz Viez", lauscht der Mundart und genießt Deftiges. Im Juli feiern Trierer und Gäste das Moselfest mit einem grandiosen Feuerwerk.

ZURLAUBEN

Vicino al ponte Kaiser Wilhelm, a Zurlauben, sono attraccate le navi passeggeri e le imbarcazioni a vapore per le escursioni. Dove un tempo, nel 18° secolo, c'era il regno dei marinai e dei pescatori, oggi sorgono locali pittoreschi in forma di casette con giardino attorniate da grappoli d'uva con il loro pergolato. Qui ci si siede volentieri di fronte ad un bicchiere di vino o ad un "Porz Viez" (bevanda tipica del luogo), sentendo risuonare le parole del dialetto locale e gustando piatti sostanziosi. Nel mese di luglio, Treviri ed i suoi ospiti si godono la festa della Mosella con degli strepitosi fuochi d'artificio.

▼ Restaurant "Pfeffermühle" *Ristorante "Pfeffermühle"*

▼ ▲ Uferpromenade in Zurlauben
Passeggiata lungo il fiume a Zurlauben